MARCO POLO

Prag

Reisen mit Insider Tipps

Diesen Reiseführer schrieb Wolfgang Jung. Er arbeitet als Korrespondent der Deutschen Presse-Agentur in Prag.

marcopolo.de
Die aktuellsten Insider-Tipps finden Sie unter www.marcopolo.de, siehe auch Seite 98

MAIRS GEOGRAPHISCHER VERLAG

SYMBOLE

Insider Tipp **MARCO POLO INSIDER-TIPPS:**
Von unserem Autor für Sie entdeckt

★ **MARCO POLO HIGHLIGHTS:**
Alles, was Sie in Prag kennen sollten

HIER HABEN SIE EINE SCHÖNE AUSSICHT

WO SIE JUNGE LEUTE TREFFEN

PREISKATEGORIEN

Hotels	
€€€	über 110 Euro
€€	54–110 Euro
€	unter 54 Euro

Die Preise gelten pro Nacht für zwei Personen im Doppelzimmer mit Frühstück.

Restaurants	
€€€	über 15 Euro
€€	8–15 Euro
€	unter 8 Euro

Die Preise gelten für ein Hauptgericht ohne Getränke.

KARTEN

[110 A1] Seitenzahlen und Koordinaten für den Cityatlas Prag

[0] Außerhalb des Kartenausschnitts

Übersichtskarte Prag mit Umland auf S. 118/119

Metroplan von Prag im hinteren Umschlag

Zu Ihrer Orientierung sind auch die Objekte mit Koordinaten versehen, die nicht im Cityatlas eingetragen sind.

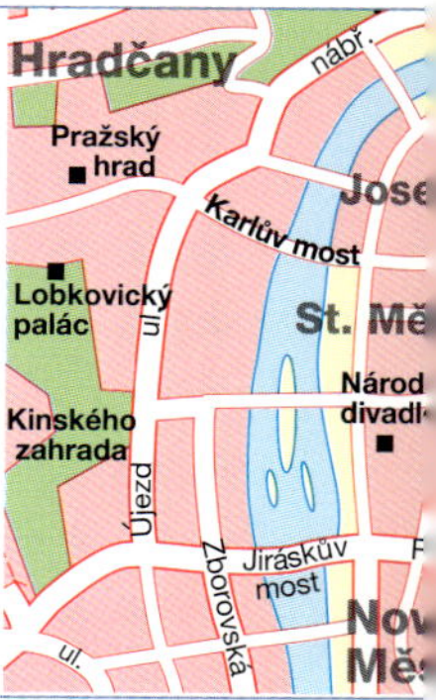

GUT ZU WISSEN

Provokant und der Zeit voraus **9** · Entspannen und geniessen **23** Richtig fit! **29** · Manchmal trügt der Schein **53** · Der Mythos Golem lebt **64** · Die Helden der Kindheit **76** · Die Paten der Revolution **81** Linie 22 **89**

INHALT

Die wichtigsten
Marco Polo Highlights

Sehenswürdigkeiten, Orte und Erlebnisse, die Sie nicht verpassen sollten

1. **Karlsbrücke**
   Wo Möwen schreien, Studenten singen und die Moldau rauscht (Seite 24)
2. **Alter jüdischer Friedhof**
   Stein gewordene Erinnerung (Seite 24)
3. **Vysěhrad**
   In der hoch gelegenen Parkanlage fanden Smetana und Dvořák ihre letzte Ruhestätte (Seite 25)
4. **Altstädter Ring**
   Verweilstätte mit Straßenmusik, Kiosken und atemberaubender Kulisse (Seite 28)
5. **Wenzelsplatz**
   Korso der großen Illusionen, kleinen Ganoven und Meilensteine tschechischer Geschichte (Seite 29)
6. **Prager Burg/Hradschin**
   Der Ort der Fensterstürze und kafkaesken Eingebungen ist heute Regierungssitz eines Dichterpräsidenten (Seite 30)
7. **Kleinseite**
   Die »kleine Prager Stadt« besticht durch Vielfalt (Seite 34)
8. **Nationalmuseum**
   Außen dem Louvre nachempfunden, innen mit reichen Sammlungen bestückt (Seite 44)

Die Karlsbrücke bei Nacht

Kleine Pause im Café Slavia

Alter jüdischer Friedhof

9 Sammlung der modernen Kunst
Internationale Wanderausstellungen und hauseigene Kollektionen in einem geschmackvoll umgebauten Messepalast (Seite 46)

10 Café Slavia
Mit Schlagobers und Moldaublick auf der Spur der Literaten (Seite 51)

11 Havelske trh
Traditionsreicher Markt, auf dem fast jeder etwas für sich findet (Seite 63)

12 Reduta
Der Club trug viel dazu bei, dass Prag heute als Jazzmetropole gilt (Seite 79)

13 U Fleků
Ein halbes Jahrtausend Brautradition lockt Touristen und Prager gleichermaßen (Seite 81)

14 Laterna Magica
Schwarzlichttheater im Verbund mit moderner Videotechnik (Seite 82)

15 Petřín
Der Moldauhügel mit dem tollen Panorama ist das liebste Naherholungsgebiet der Prager (Seite 88)

★ *Die Highlights sind in der Karte auf dem hinteren Umschlag eingetragen*

Entdecken Sie Prag!

Seit der Eiserne Vorhang gefallen ist, darf die Goldene Stadt wieder glänzen. Aus reicher Geschichte und viel versprechender Zukunft mixt die Moldaumetropole eine blendende Gegenwart

Es klingt kurios wie vieles in Prag: Die Stadt an der Moldau hat mit ihrem Namen im Grunde wenig zu tun. Praha heißt auf deutsch Schwelle und bezeichnete jene Stelle, an der der Fluss am leichtesten zu überqueren war – die Furt also, und nicht die wenigen Siedlungen, die damals an den Ufern der Moldau standen. Doch als diese zur Stadt wuchsen, ging der Name auf den wichtigen Handelsplatz über.

Der Bau der Judithbrücke, der Vorgängerin der Karlsbrücke, im Jahr 1158 markiert einen wichtigen Punkt in der Beziehung zwischen Stadt und Fluss. Der erste steinerne Brückenschlag über die Moldau, unter Karl IV. durch die später so genannte Karlsbrücke ersetzt, bildete jahrhundertelang die einzige feste Verbindung zwischen beiden Ufern – aber er trennte auch: die Burg von den Bürgern, also den Adel der Kleinseite von den Händlern in der Altstadt.

Heute hat sich die moderne Großstadt mit 1,2 Millionen Einwohnern auf etwa 500 km^2 weit über die Moldauhügel ausgebreitet, teils mit unansehnlichen Plattenbausiedlungen. Kleinseite und Altstadt sind jedoch im Stadtkern wie zur steinernen Kulisse eines Freilichttheaters verschmolzen. Prag hat eine der größten geschützten Zonen Europas – und Prag hat ein großes Problem. Fast das komplette Zentrum ist von der Unesco als Denkmal anerkannt, doch Experten befürchten den schleichenden Verlust des Juwels. Als Grund nennen sie weit reichende Versäumnisse in der Denkmalpflege – Konsequenzen einer zögerlichen Kommunalpolitik. Erkannt hat dies auch der Fachbeirat der UN-Kulturorganisation, der die historische Prager Innenstadt unlängst in die Liste der

In Prag führen viele Brücken über die Moldau

Auf der Karlsbrücke wird musiziert

Die Statue des Reformators Jan Hus steht auf dem Altstädter Ring

hundert meistgefährdeten Denkmäler der Welt aufnahm.

Tatsächlich ist das Zentrum von einer einzigartigen Mischung der Stile aller Epochen geprägt. Es gibt nur wenige Viertel, in denen alle Gebäude aus der gleichen Zeit stammen. Prager Denkmalschützer müssen sich daher immer wieder fragen, was sie schützen wollen: eine Epoche, einheitliche Straßenzüge oder einzelne Gebäude? Als Anfang der 1990er-Jahre das »Haus zur steinernen Glocke« am Altstädter Ring renoviert wurde, legte man unter dem barocken Putz eine gotische Steinfassade frei. In diesem Gewand steht das Haus nun zwischen einem Barockpalast und einem Markthaus aus der Renaissance. Die Renovierung des im städtischen Besitz befindlichen Gebäudes gilt als vorbildlich und zeigt, dass man in Prag tatsächlich jedes Haus einzeln beurteilen muss. Die Stadt war Schauplatz großer Ereignisse, und jede Ära hat ihre Spuren hinterlassen – natürlich auch die jüngst vergangene Epoche: Jeder kann am Fuß des Wenzelsplatzes Uniformen der Roten Armee kaufen, die garantiert unecht sind, und dazu jene Matroschkas, in denen eine kleine Figur steckt und noch eine und noch eine. Lassen Sie sich vom Fassadenglanz des Altstädter Rings oder der Celetná-Gasse nicht täuschen: 10 m dahinter, wo nur selten fotografiert wird, schauen die leeren Fenster eines vernachlässigten Barockhauses den Besucher traurig an.

> *»Die Stadt war Schauplatz großer Ereignisse«*

In Prag wird immer noch viel improvisiert, und das gilt nicht nur für die Architektur. Viele Pragerinnen überbieten im Alltag manches locker an Chic, was man in Mailand oder Paris trifft. Natürlich gibt es auch hier jene kessen Kleidchen mit den teuren Namen, aber viele machen ihre *alta moda* selbst, verändern die Vorlagen nach Geschmack und interpretieren gegen das Schema. Vor der »Samtenen Revolution« von 1989 zeichnete das die Hauptstadt schon einmal aus, und einiges davon ließ sich in die heutige Zeit retten.

Mit Phantasie, Vielfalt und Differenz hat auch das freie Unternehmertum zu tun. Manche Illusion ist bereits zerplatzt, weil man glaubte, für jedes Angebot sei Publikum da. Da ist vieles in Naivität zerflossen, was arg- und ahnungslos angepackt wurde. Mancherorts muss man sich die Augen reiben: Die Gründungen der ersten Generation sind längst verschwunden, aus der Toreinfahrt lugt bereits die dritte Eröffnung nach der Wende. Noch viele Prager Gewerbetreibende müssen lernen, dass der stabile Umsatz von den Heimischen kommt, dass ihr Angebot in erster Linie ihnen nützen sollte. Der Fremdenverkehr wird dann von selbst davon profitieren.

Stark gelitten hat in den vergangenen Jahrzehnten die Kaffeehauskultur. Diese Institution war bei der Gründung der Tschechoslowakei 1918 gerne von der Erbmasse der zerfallenen Donaumonarchie übernommen worden. Das Kaffeehaus war ein Ort der Künstler und der Damen, und die Ober rasierten sich zweimal täglich. Der Geist dieser Begegnungszentren lebt noch fort in den Geschichten des »rasenden Reporters« Egon Erwin Kisch, des großen Pragers. Aus legendären Häusern wurden Touristenfallen, andere ehemalige Schauplätze des mitteleuropäischen Kulturlebens gingen ganz unter. Mittlerweile gelang es privaten Investoren, einige Cafés wieder zu beleben, und interessante Neuerungen sind dazugekommen. In manchen Kaffeehäusern sieht man wieder Zeitungsleser, die bei einem »Türkischen« oder einem »Kleinen Braunen« einen genussvollen Abend verbringen.

» Die Ober rasierten sich zweimal täglich «

Nach Sonnenaufgang aber ist modernes, pulsierendes Leben gewohntes Stadtbild des Alltags geworden. Viele ausländische Investoren sind seit der »Samtenen Revolution« gekommen und brachten Landsleute mit – zuerst waren es die Amerikaner (heute leben in Prag rund 25 000), wenig später

Provokant und der Zeit voraus

Der Reformer Jan Hus wurde 1415 mit dem Märtyrertod zum Nationalhelden

Schier unerschütterlich steht die Statue von Jan Hus auf dem Altstädter Ring. Wanken wollte der Reformator auch 1415 vor dem Konzil in Konstanz nicht. Der 1370 in armen Verhältnissen in Südböhmen geborene Hus schwor dort den sozialkritischen Thesen des englischen Theologen John Wycliffe nicht ab und endete trotz einer Schutzgarantie des deutschen Königs Sigismund auf dem Scheiterhaufen. Der Tod des Nationalhelden entzündete die Hussitenkriege. Auf dem Sockel des 1915 errichteten Denkmals steht der Wahlspruch »Die Wahrheit siegt«.

die Deutschen (gegenwärtig etwa 10 000), dann die Holländer, Dänen, Franzosen, Engländer und Asiaten. Nicht alle zog es des Geldmachens wegen in die Hauptstadt, viele kamen, um das Leben, die romantische Stadt, das Bier zu genießen – oder weil sie etwas Neues machen wollten. Auf einen gewissen westlichen Lebensstandard möchte jedoch keiner von ihnen verzichten, deshalb finden Supermärkte mit internationalem Angebot, Fastfoodbuden und Boutiquen mit Markenware nicht nur in der Touristensaison und bei Einheimischen großen Zuspruch. Einkaufen ist kein Grund zur Eile. In jeder Seitenstraße wartet ein Kolonialwarenladen 24 Stunden am Tag auf Kunden. Diese Möglichkeit lässt die Prager in schönen Vormittagsstunden lieber eine sonnige Bank an der Moldau besetzen. Dort ist es so friedlich, dass sogar die Schwäne beim Brotgenuss ihre Angst vor den mitgebrachten Vierbeinern verlieren. In der Ferne klicken die Fotoapparate der Touristen, rattern die Skateboards der Jugend und zischen die Farbdosen der Sprayer. Die »Szene« ist euphorisch: Die Anzahl der Ausstellungen junger Künstler steigt, ebenso die der Bücher- und Plattenveröffentlichungen. Viele junge Tschechen ziehen in die Hauptstadt, sie senken den Altersdurchschnitt auf momentan 39 Jahre. Die Karlsuniversität und elf Hochschulen bieten ein breites Angebot für Studenten, die mit ihrer Landflucht aber für Wohnungsprobleme in der Stadt und für Entsiedelung in den Provinzen sorgen.

» Viele junge Leute ziehen in die Hauptstadt «

Gegensätze genug gibt es auf dem Besichtigungsplan für Pragbesucher. Die kleinste Sehenswürdigkeit ist das Jesuskind – eine Wachsstatue von Weltruhm. Vor 400 Jahren bekam Polyxene von Lobkowitz die 45 cm große Renaissancefigur als Hochzeitsgeschenk aus Spanien. Als ihr Mann starb, schenkte sie das Prager Jesuskind dem Karmeliterorden, der es in seiner »Kirche der Siegreichen Jungfrau Maria« auf der Kleinseite ausstellte. Wallfahrer stifteten ihm über die Jahrhunderte 45 Kleider, manche davon sind mit Perlen und Diamanten bestickt.

Am anderen Ende der Skala gibt es die größte in Bronze gegossene Reiterfigur der Welt zu besichtigen – der Hussitenführer Jan Žižka steht weithin sichtbar auf dem Vítkov-Hügel vor der nationalen Gedenkstätte. Hier lieferten sich vor 600 Jahren die Hussiten unter Führung des einäugigen Žižka eine bedeutende Schlacht mit den Kreuzrittern. »Wo in anderen Städten Grundwasser fließt, hat Prag Blut«, fasste ein Historiker die Geschichte der Stadt einmal zusammen. 1419 begannen mit dem ersten Prager Fenstersturz die Hussitenkriege, und der zweite Fenstersturz war 1618 der Auftakt des Dreißigjährigen Krieges. Nachdem zwei katholische Adlige wortwörtlich aus der Prager Burg hinausgeworfen worden waren, begann ein Religionskrieg, den die Tschechen bitter bezahlen mussten. Als 1648 der Westfälische Friede geschlossen wurde, waren Böhmens Städte zerstört und die Bevölkerungszahlen halbiert. Mehr als drei Jahrhunderte später läutete der Einzug von Hitlers Truppen in Prag im März 1939 den Wahnsinn des Zweiten Weltkriegs ein, und im August 1968 zerstampften die Panzerketten des Warschauer Pakts den »Prager Frühling« und damit für lange Zeit die Demokratiebewegungen in Ostmitteleuropa. Doch auch positive Signale gingen von Prag aus, beispielsweise mit der Gründung der ersten Universität Mitteleuropas durch Karl IV. 1348. Um 1600 galt der Hof von Rudolf II. mit den Gelehrten Johannes Kepler und Tycho Brahe als herausragend in naturwissenschaftlichen Studien. Und im November 1989 schließlich führten die unblutigen Massendemonstrationen der »Samtenen Revolution« zum Rücktritt der sozialistischen Regierung. Große und kleine Statuen, mächtige und ohnmächtige Herrscher, Hektik und Gemütlichkeit, verschiedene Religionen, zahlreiche Nationen, viele Hoffnungen: Prag war schon immer ein Ort, an dem europäische Geschichte geschrieben wurde. Was hier passierte, hatte Folgen – manchmal gute, oft genug aber auch böse. Für sensible Besucher ist all dies immer noch sichtbar, immer noch spürbar. Und wenn sich dann nachts das orangefarbene Laternenlicht matt auf dem Kopfsteinpflaster spiegelt und die trägen Wellen der Moldau müde gegen die Pfeiler der Karlsbrücke schwappen, spürt man die Krallen von »Mütterchen Prag« und den herben Reiz der böhmischen Schönen ganz tief, als erinnere sie an etwas, das man längst vergessen glaubte.

» *Doch auch positive Signale gingen von Prag aus* «

Blick über die Moldau, im Hintergrund die Prager Burg mit dem alles überragenden St.-Veits-Dom

HI THERE TRACY
IL SABATINO
GRIM
DIEGO
ITALIA
LUCY
CAROL
HAIGH

Apropos Prag

Nur wenige Orte wecken so viele Assoziationen an politische, künstlerische und gesellschaftliche Ereignisse wie die Goldene Stadt

Architektur

Skrupellos trampelten Habsburger, Faschisten und Kommunisten in Prag auf den Menschenrechten herum, aber an eine Vorschrift traute sich kein Regime: an das Baugesetz von 1886, das eine Beschränkung auf fünf Stockwerke vorsieht und noch heute gültig ist. Damals hatte die Moldaumetropole bereits einen fünf Jahrhunderte langen Städtebau hinter sich, der um 1350 mit dem Bau der Neustadt (Nové Město), des Veitsdoms und der Karlsbrücke durch Kaiser Karl IV. entscheidend beeinflusst worden war. Zu Beginn des 20. Jhs. war Prag dann neben Berlin, Paris und Wien ein Schnittpunkt der städtebaulichen Avantgarde: Adolf Loos entwarf im Stadtteil Střešovice seine Villa Müller, Jože Plečnik entwickelte Gestaltungselemente für den Hradschin, Le Corbusier und Walter Gropius kamen zu Studienaufenthalten. Als scharfen Kontrast dazu schuf der Sozialismus nach 1948 gesichtslose Straßenzüge ohne Rücksicht auf das städtische Gefüge. Die Siedlungen am Stadtrand und die Autobahn am Kopf des Wenzelsplatzes sind schlimme Bausünden. Der Bedarf an Kreativität wird seit 1990 nachgeholt, wenn auch nicht überall mit gelungenen Objekten: Während Frank Gehry und Vlado Milunic mit ihrem Tanzenden Haus Begeisterungsstürme hervorriefen, rümpfen die Prager über das Hotel Don Giovanni nur die Nase. Es ist diese Mischung, die die Prager Architektur einmal verschnörkelt zusammengewürfelt, dann wieder verspielt und kulissenartig, anderswo brutal sachlich erscheinen lässt.

An der John-Lennon-Mauer darf jeder kreativ werden

Filmszene

Wenn eine Filmgesellschaft eine Großstadt der 1930er-Jahre als Kulisse sowie gut ausgebildete, technisch versierte und kostengünstige Mitarbeiter benötigt, ist sie im »Hollywood an der Moldau« genau richtig. So nannte im Sommer 2001 die New York Times Prag, als sich hier Anthony Hopkins (»Black Sheep«), Franka Potente (»The Bourne Identity«) und Bruce Willis (»Hart's War«) gleichzeitig zu Dreharbeiten aufhielten. Mit dem Barrandov-Areal, das die Vorfahren von Präsident Václav Havel bauten, besitzt Prag dabei ein modernes Logistikzentrum mit zahlreichen Studios. Und der historische Kern stand schon 1984 beim wohl berühmtesten Mozartstreifen aller Zeiten Pate – bei »Amadeus« von Milos Forman. Der 1932 in Čáslav geborene Regisseur (»Hair«, »Einer flog über das Kuckucksnest«) gehörte in den 1960er-Jahren zu den Hoffnungsträgern des tschechischen Films und emigrierte nach dem Prager Frühling in die USA. Internationale Berühmtheit erlangten aber auch Jiří Menzel (»Liebe nach Fahrplan«) und Jan Svěrák (»Kolya«), die beide oscardekoriert sind. Und als das sozialistische Regime politische Streifen verbot, drehten die tschechischen Celluloidkünstler mit zum Beispiel »Pan Tau« und »Die Besucher« hochwertige Unterhaltung für große und kleine Kinder.

Franz Kafka

Im Alltagsleben war der Sohn eines jüdischen Gemischtwarenhändlers als Sachbearbeiter bei der Prager Arbeiter- und Unfallversicherung tätig. Aber daneben, meist nachts, schuf Franz Kafka (1883–1924) ein einzigartiges Werk von deutschsprachigen Novellen, Romanen und Kurzgeschichten. Der chronisch Lungenkranke verstand es in Texten wie »Der Prozess« glänzend, den Einzelnen als ohnmächtigen Spielball höherer Instanzen darzustellen und erwies sich in Geschichten wie »Die Verwandlung« als Meister der Groteske. Dem kommunistischen Regime waren die kafkaesken Visionen zu wirklichkeitsnah, und bis 1989 blieb der weltbekannte Autor, der auf dem neuen jüdischen Friedhof begraben liegt, in seiner Heimat verfemt. Für Kafka war Prag ein »Mütterchen mit Krallen«. Mit seiner Geburtsstadt verband ihn eine glühende Hassliebe: »Man müsste sie von zwei Seiten anstecken«, schrieb er einmal – wohl wissend, dass ihm Prag die größte Inspirationsquelle war. Nach langer Krankheit starb Kafka unverheiratet, kinderlos und zu keinem besonders großen Ruhm gelangt in einem Lungensanatorium in Kierling bei Wien. Sein Freund Max Brod verbrannte entgegen dessen ausdrücklichem Wunsch Franz Kafkas Texte nicht und schenkte damit der Welt ein großes Vermächtnis – und der Prager Tourismusindustrie unserer Zeit einen schier unerschöpflichen Werbeträger.

John Lennon

Beatle John Lennon war bereits zu Lebzeiten ein Idol in der Tschechoslowakei. Nach seiner Ermordung 1980 schufen Jugendliche heimlich am Velkopřevorské-Platz nahe der Karlsbrücke eine Gedenkstätte für den Musiker: Sie kritzelten »Ihr habt Lenin, lasst uns Lennon« an die ziegelbedeckte Absperrung zwischen dem Vorhof der französischen Botschaft und dem Palast des Malteserordens. Mit diesem subversiven Spruch wurde die »Lennon-Mauer« bis 1989 ein Zankapfel zwischen Dissidenten und der Obrigkeit, denen Graffiti suspekt waren. Seit der politischen Wende kann hier jeder seine Parolen, Grüße oder Malereien loswerden. Am Todestag von Lennon am 8. Dezember gedenken hier Dutzende Fans mit Gitarren, Kerzen und Rotwein ihres Idols. Mitte 2000 strich zwar die Künstlergruppe Rafani das Bauwerk grün an, um damit »gegen die Innenpolitik zu protestieren«. Doch mittlerweile prangen längst wieder Hunderte von Touristengrüßen, Liebesbotschaften und Spontisprüchen auf dem Putz.

Prager Frühling

Bei diesem Begriff denken heute die meisten Prager eher an das gleichnamige internationale Musikfestival als an die Reformbewegung der 1960er-Jahre. Aber ohne den Versuch der damaligen Parteiführung um Alexander Dubček, in der Tschechoslowakei einen Sozialismus mit menschlichem Antlitz zu schaffen, wäre die Geschichte des Ostblocks anders verlaufen. Dubček hatte offen mit dem Regime in Moskau gebrochen, als er innenpolitisch die Zensur für Presse und Künstler aufhob und außenpolitisch zarte Bande mit dem Westen knüpfte. Nach mehreren Warnungen marschierten in der Nacht zum 21. August 1968 Truppen aus den verbündeten Warschauer-Pakt-Staaten in der Tschechoslowakei ein und beendeten den »Frühling« mit einer Eiszeit, die 21 Jahre dauern sollte. Offiziell wurde der Überfall als Versuch erklärt, einen Bürgerkrieg verhindern zu wollen, und die westlichen Staaten scheuten aus Angst vor einer internationalen Eskalation eine Intervention. Der 1992 gestorbene Alexander Dubček musste als Hilfskraft in der Slowakei arbeiten, andere Intellektuelle gingen ins westliche Exil.

Obwohl der Prager Frühling keins seiner ehrgeizigen Ziele wirklich erreichen konnte, gilt er neben dem Arbeiterprotest in der DDR 1953, dem Aufstand in Ungarn 1956 und der polnischen Solidarnosc-Bewegung in den 1980er-Jahren heute als Meilenstein im Bemühen um Freiheit und Mitbestimmung in Mittelosteuropa.

Mindestens ein Restaurant in Prag ist nach Franz Kafka benannt

Tourismus

»So lange Prag steht, habe ich keine Angst um den tschechischen Haushalt«, sagte der damalige Ministerpräsident Václav Klaus Anfang der 1990er-Jahre und traf den Nagel auf den Kopf: Der Tourismus – Magnet Nummer eins – spült Tschechien jedes Jahr Millionen in die Kasse. Doch die zunehmenden Presseberichte von rücksichtslosen Taxifahrern, unfreundlichen Verkäufern, betrügerischen Kellnern, Taschendieben und Autoknackern lassen das Image der Goldenen Stadt bröckeln. Tatsächlich ist die Atmosphäre in der Stadt im letzten Jahrzehnt gesellschaftlich kälter geworden, und ausländische Besucher spüren dies in besonderem Maße; wer aber als »Melkkuh« missbraucht wurde, sollte sich unverzüglich an die Behörden wenden. Polizei und Stadtverwaltung haben dieser Form der Kleinkriminaliät den Kampf angesagt und ließen zumindest in einem Bereich bereits Taten folgen: Allein im Jahr 2000 verhängte Prag gegen betrügerische Taxifahrer Geldbußen in einer Gesamthöhe von umgerechnet fast 250 000 Euro.

Feste, Events und mehr

In Prag waren schon immer Künstler von Weltrang zu Gast

Feiertage

1. Januar *Neujahr;* **Ostermontag; 1. Mai** *(Tag der Arbeit);* **8. Mai** *(Ende des Zweiten Weltkriegs);* **5. Juli** *(Tag der*

Hier gehts ins Theater

slawischen Apostel Kyrillos und Methodios); **6. Juli** *(Tag der Verbrennung des Predigers Jan Hus in Konstanz 1415);* **28. Oktober** *(Gründungstag der Tschechoslowakischen Republik 1918);* **24.–26. Dezember** *Weihnachten*

Besondere Veranstaltungen

Januar

Neujahrskonzert: Gleich gute Auftritte an verschiedenen Orten über den 1. Januar verteilt. Insider schwören auf das Konzert der Philharmoniker im *Rudolfinum, Metro: Staroměstská (A)*

Februar

Holiday World: Große Prager Freizeitmesse mit zahlreichen Aktionen auf dem Ausstellungsgelände *Výstaviště, Metro: Nádraží Holešovice (C)*

März

★ *Matthäus-Kirmes:* Prags ältester Rummelplatz mit Karussells und Schießbuden. Auf dem Ausstellungsgelände *Výstaviště, Metro: Nádraží Holešovice (C)*

April

Internationales Jazz-Festival: Gewinnt wegen der Teilnahme von internationalen Künstlern an Ansehen. *Lucerna, Metro: Můstek (A, B)*

Mai/Juni

★ *Prager Frühling:* Anlässlich dieses klassischen Musikfestivals gastieren von Mitte Mai bis Mitte Juni ausländische Musiker in Prag. Karten frühzeitig besorgen! *Obecní dům, Metro: Náměstí Republiky (B)*

★ *Prager Buchmesse:* Alljährlich Mitte Mai präsentieren Verlage aus vielen Ländern ihre Neuerscheinungen. Obwohl erst wenige Jahre alt, hat

sich die Veranstaltung bereits etabliert. Ausstellungsgelände *Výstaviště, Metro: Nádraží Holešovice (C)*
Dance Prague: eine ambitionierte Präsentation von zeitgenössischem Tanz im Juni. *Divadlo Archa, Metro: Florenc (B, C)*

Juli

Folklorefestival: Musik und Tanz besonders am *Wenzelsplatz* und *Altstädter Ring, Metro: Staroměstská (A), Můstek (A, B)*

August

Verdi-Festival: Dreiwöchige Werkschau des italienischen Genies. *Státní opera, Metro: Muzeum (A, C)*

September

Prager Herbst: Musik- und Theaterfestival mit internationalen Ensembles. *Rudolfinum, Metro: Staroměstská (A)*

Oktober

Europäische Filmtage: Retrospektiven und alternative Festivalbeiträge. *U hradeb, Metro: Malostranská (A)*

November

★ *Theaterfestival in deutscher Sprache:* Ein Dutzend Bühnen präsentieren neben zeitgenössischen und manchmal provozierenden Stücken auch bekannte und bewährte Klassiker aus Deutschland, Österreich und der Schweiz. *Divadlo na Vinohradech, Metro: Náměstí Míru (A)*

Dezember

Weihnachtsmarkt: Budenzauber mit Glühwein und Handwerkskunst. *Staroměstské náměstí, Metro: Staroměstská (A)*

Folkloregruppe auf dem Wenzelsplatz

Perle De Prague
BAR
BAR
BAR
BAR
Le Valence

Ein Stadt zwischen gestern und morgen

Unterwegs zu tanzenden Häusern, bärtigen Prinzessinnen und tönernen Dienern. Und ganz nebenbei zu den schönsten Plätzen Prags

Schon Mozart war von der Vielfalt Prags beeindruckt. »Ich fahre jeden Tag den gleichen Weg nach Hause und sehe doch immer wieder etwas Neues«, sagte er 1791. Diese Erkenntnis ist noch heute gültig: Besucher und Einheimische staunen gleichermaßen über den Glanz renovierter Fassaden, wo zuvor monatelang Gerüste standen; sie suchen ihre Lieblingsbäckerei vom vergangenen Jahr vergeblich, weil dort jetzt eine Buchhandlung ist; aus der Kneipe um die Ecke ist scheinbar über Nacht ein Restaurant geworden. Diese Beispiele ließen sich lange fortsetzen, denn auch nach der demokratischen Wende ist Prag keine ruhige Stadt geworden – im Gegenteil, der Wechsel ist Normalität.

BAUDENKMÄLER & MONUMENTE

Altstädter Brückenturm (Staroměstská mostecká věž) [112 A4]

Wo heute Touristen aus aller Welt flanieren, hielt 1648 eine Armee aus Studenten und Juden die Schweden auf und gab dem Dreißigjährigen Krieg eine entscheidende Wende. Beim Gefecht wurde der Zierrat an der Brückenseite des Turms zerstört. Trotzdem gilt die um 1391 nach Plänen von Peter Parler gebaute Steinsäule als Europas prachtvollster Brückenturm des Mittelalters. Die Wappen über dem Tor sollen die zehn Länder symbolisieren, die Karl IV. zum böhmischen Königreich vereinigte. Der »Eisvogel im Liebesknoten« war das Zeichen König Wenzels IV., unter dessen Herrschaft die Arbeiten am Turm vollendet wurden. Im Kerkergewölbe sieht man heute noch Inschriften von Inhaftierten. *Tgl. 9–19 Uhr, Karlův most, Metro: Staroměstská (A)*

Astronomische Uhr am Rathaus

Seit 1996 tanzen »Ginger und Fred« in Prag

Altstädter Rathaus (Staroměstská radnice) **[112 B4]**

Willkommen bei der »meistfotografierten Männergruppe seit den Beatles«. So jedenfalls nannte eine Prager Zeitung einmal die zwölf *Apostelfiguren,* die jede volle Stunde aus zwei unscheinbaren Luken des Rathausturms schauen. In Spitzenzeiten stehen Hunderte vor der Südseite des frühgotischen Hauses, um die Besuchersensation zu sehen. Apropos Zeit: Die filigrane *Astronomische Uhr* zeigt seit 1410 – mit störungsbedingten Unterbrechungen –, ob die Sterne günstig stehen. Umrahmt sind die Kalenderscheiben von den »vier größten Gefahren der Menschheit«, wie man sie damals sah: der Tod droht mit der Sanduhr, die Eitelkeit kokettiert mit ihrem Spiegelbild, ein Türke droht mit weiteren Kriegen und ein Geizhals schüttelt einen prallen Beutel. König Johann von Luxemburg hatte im September 1338 der Verwaltung angeboten, aus dem Ertrag der Weinsteuer ein Rathaus zu bauen. Bereits wenige Wochen später erstand die Gemeinde das Haus des Kaufmanns Wolflin und vergrößerte es nach 1360. Zunächst wurden benachbarte Häuser geschickt angebaut, dann zog die Altstadt den schlanken *Turm* als »Symbol der weltlichen Macht« hoch. Der fast 70 m hohe Bau war aber auch Schauplatz eines folgenreichen Massakers: Vor der Ostseite, wo Kreuze in das Pflaster eingelassen sind, ließen 1621 die katholischen Habsburger 27 protestantische Anführer hinrichten. Erst drei Jahrhunderte später, nach dem Ersten Weltkrieg, konnten sich die Tschechen aus der Abhängigkeit befreien. *Tgl. 9–17.30 Uhr, PIS-Info im Rathaus, Staroměstské náměstí, Metro: Staroměstská (A)*

Jüdisches Rathaus (Židovská radnice) **[112 B4]**

Der spätbarocke Bau entstand 1763 nach dem Umbau des ursprünglichen Rathauses aus dem 16. Jh. Die Turmuhr am Giebel trägt hebräische Ziffern, und ihre Zeiger bewegen sich in umgekehrter Richtung. In dem Eckhaus, übrigens dem einzigen jüdischen Rathaus außerhalb des Staates Israel, sitzt heute die Gemeindeverwaltung sowie die Föderation der tschechischen jüdischen Gemeinden. *Maislova 18, Metro: Staroměstska (A)*

Karlsuniversität (Karlova univerzita) **[112 C4]**

Auch 650 Jahre nach ihrer Gründung hat die Lehranstalt noch einen klingenden Namen. Karl IV. hatte sie am 7. April 1348 als erste mitteleuropäische Universität gegründet. Studenten mussten jedoch zunächst auf einen Campus verzichten, denn als Hörsaal dienten den vier Fakultäten Klöster und Kirchen – die größten Gebäude damals. Erst 1383 schenkte Wenzel IV. dem Collegium Carolinum das gotische Haus des Münzmeisters Johlin Rothlev. Nach der Barockisierung der Fassade durch František M. Kaňka 1718 wurde später auch die imposante *Aula* im ersten Stock umgestaltet. Der dort hängende *Wandteppich* »Karl IV. kniet vor dem hl. Wenzel« stammt von Václav Sychra (1947). Die Deckenvorhänge mit den Wappen der böhmischen Länder haben übrigens nicht nur optische Funktion: Sie wurden zur Verbesserung der Akustik angebracht. Die verschiedenfarbigen

MARCO POLO Highlights »Sehenswertes«

★ **Prager Burg/Hradschin**
Politisches und geistiges Zentrum des Landes (Seite 30)

★ **Karlsbrücke**
Barocke Statuenallee über die romantische Moldau (Seite 24)

★ **Altstädter Ring**
Astronomische Uhr und kunstvoller Palaisreigen (Seite 28)

★ **Kleinseite**
Das Vorzimmer der Prager Burg (Seite 34)

★ **Alter jüdischer Friedhof**
Eindrucksvolles Denkmal einer untergegangenen Welt (Seite 24)

★ **Altstadt**
Vitales Viertel mit Theaterkulissencharakter (Seite 33)

★ **Wenzelsplatz**
Boulevard der Eiligen und Schlendernden (Seite 29)

★ **Vyšehrad**
Bizarrer Felsen mit Kirche und berühmtem Friedhof (Seite 25)

Steine an der Fassade des Karolinums wurden in den vergangenen Jahrzehnten bei Renovierungen eingefügt. Damit sollen neue und alte Bausubstanz deutlich gemacht werden. *Železná ulice, Metro: Můstek (A, B)*

Loretoheiligtum (Loreta) **[110 A4]**
Italienische Besucher staunen meist über das zwischen 1626 und 1631 entstandene Areal – steht dasselbe Heiligtum nicht in der Nähe der Stadt Ancona? Richtig: Der Prager Komplex ist eine Nachbildung. Ursprünglich soll die »Casa Santa« aber die Wohnung der Jungfrau Maria in Nazareth gewesen sein. Legenden zufolge trugen Engel das Haus aus Palästina in die Lorbeerplantage Loreto bei Ancona. Kein Wunder, dass die Fürstin Lobkowicz als (Nach-)Baumeister zwei Italiener wählte: Giovanni Orsi und Andrea Allio. Eindrucksvoll ist vor allem der zweistöckige *Kreuzgang* der Casa – die zweite Etage (1740) stammt von Kilian Ignaz Dientzenhofer. Er hatte zwanzig Jahre zuvor bereits die Front mit dem *Glockenturm* gebaut. Von dort erklingt zu jeder vollen Stunde das der Jungfrau Maria gewidmete Lied »Sei tausendmal gegrüßt«.

Im Innern der Casa ist besonders die aus Lindenholz geschnitzte *Madonna* sehenswert – und die kuriose *Statue der Heiligen Kümmernis:* Die Legende erzählt, dass der Himmel einer portugiesischen Prinzessin einst einen buschigen Bart sprießen ließ, damit Männer keinen Gefallen an ihr finden sollten. Weitaus anziehender ist jedenfalls die mit 6222 Diamanten besetzte, 90 cm hohe und 12 kg schwere *Monstranz,* die 1698/99 in Wien hergestellt wurde. *Tgl. außer Mo 9–12 und 13–18 Uhr, Loretánské náměstí 7, Metro: Hradčanská (A)*

Insider Tipp

Neue Welt (Nový svět) **[110 A4]**
Ganz in der Nähe des Loretoheiligtums befindet sich dieses pittoreske Viertel aus dem 16. Jh. Das heutige Aussehen der Häuschen, in denen viele Maler ihre Ateliers haben, stammt aus dem 18. Jh. In der »Goldenen Birne« (Nr. 3) kehrten vor Jahrzehnten die einfachen Leute ein, heute ist das Restaurant etwas für gehobene Ansprüche. In der Nr. 1 wohnte um 1600 der dänische Astronom Tycho Brahe, der am Hof von Kaiser Rudolf II. angestellt war. Und für Insider: In der Neuen Welt befand sich in den 1960er-Jahren auch das kreative Hauptquartier von »Pan-Tau«-Regisseur Jindřich Polák. *Metro: Hradčanská (A), Straßenbahn 22, Haltestelle Pohořelec*

Pulverturm (Prašná brána) **[112 C4]**
Die Bauzeit ist rekordverdächtig: Der gotische Turm war 1475 begonnen, aber erst 400 Jahre später beendet worden. 1484 brach man die Arbeiten an dem Repräsentationsobjekt ab, weil der damalige König Vladislav seinen Amtssitz von der Altstadt in die Burg verlegte. Der 65 m hohe Turm erhielt ein provisorisches Dach und diente Ende des 17. Jhs. als Schwarzpulverlager (daher der Name). Erst 1886 wurde bei einer Restaurierung ein Walmdach montiert. *April–Okt. tgl. 9–18 Uhr, náměsti Republiky, Metro: Náměstí Republiky (B)*

In der Neuen Welt

Repräsentationshaus (Obecní dům) **[112 C4]**
Das atemberaubende Beispiel tschechischer Sezessionsarchitektur wäre ohne den Wechsel des Amtssitzes von König Vladislav kaum gebaut worden. Auf dem ehemaligen Königshof, der weitgehend brachlag, entstand das Repräsentationshaus (1906–11) mit dem halbkreisförmigen Mosaik »Huldigung für Prag« von Karel Špillar über dem Haupteingang. Im *Smetana-Konzertsaal* gastiert alljährlich das renommierte Musikfestival »Prager Frühling«. Außerdem befinden sich im *Repre*, wie das Repräsentationshaus im Sprachgebrauch der Prager heißt, noch fünf weitere Säle, zwei Restaurants und ein Café.

Die kürzliche Renovierung des *Obecní dům* (was auf Deutsch eigentlich »Gemeindehaus« bedeutet) in den Jahren 1995 bis 1997 kostete etwa 5 Mio. Euro. *Bei Gruppenbesuchen können Führer mit Fremdsprachenkenntnissen am Informationsstand im Erdgeschoss oder unter Tel. 22 00 21 01 angefordert werden, náměstí Republiky 5, Metro: Náměstí Republiky (B)*

Rudolfinum **[112 B4]**
Wenn das Repräsentationshaus einen Smetana-Saal hat, darf im Rudolfinum (1876–84) eine Huldigung an das zweite tschechische Musikgenie nicht fehlen. Im *Haus der Künstler* (wie der Neorenaissancebau mit offiziellem Beinamen heißt) führt eine eindrucksvolle Säulenhalle zum *Dvořák-Konzertsaal.* Am Entwurf der Architekten Josef Schulz und Josef Zítek ist außerdem die mondäne *Freitreppe* bemerkenswert – sie diente bereits zahlreichen TV-Werbespots als Hintergrund. Das nicht nach dem Kaiser, sondern dem späteren Kronprinzen Rudolf benannte Haus, das von Antonín Dvořák feierlich eröffnet worden war, beherbergte auch für kurze Zeit das Parlament. *Tgl. außer Mo 10–18 Uhr, Metro: Staroměstská (A)*

Insider Tipp
Tanzendes Haus (Tančící dům) **[115 D3]**
Der amerikanische Architekt Frank O. Gehry und sein jugoslawischer Kollege Vlado Milunic füllten 1996 die Lücke, die eine Fliegerbombe im Zweiten Weltkrieg in die Häuserreihe gerissen hatte, mit einem kühnen Entwurf. Und die Prager mögen ihn: Schon kurz nach dem Richtfest erhielten die beschwingten Säulen den Kosenamen »Ginger & Fred« – nach dem furiosen Duo Ginger Rogers und Fred Astaire. Die Kurven an der Fassade des Gebäudes sollen die Moldauwellen versinnbildlichen. Im gleich nebenan gelegenen Haus (Nummer 78) wohnte lange Zeit ein berühmter Bürgerrechtler: Václav Havel. *Rašínovo nábřeží 80, Metro: Karlovo náměstí (B)*

BRÜCKEN

Čech-Brücke (Čechův most) **[112 B3]**
Die elegante Jugendstilbrücke wurde zwischen 1906 und 1908 nach Entwürfen des Ingenieurs Josef Soukup und des Architekten Jan Koula gebaut und verbindet die Altstadt mit dem Kai des Letná-Parks. Die Statue der Siegesgöttin Victoria stammt von dem Bildhauer Antonín Popp, der auch den imposanten Löwen auf dem Dach des Nationalbankgebäudes (Náměstí Republiky) schuf. Eindrucksvoll sind ebenfalls die Figuren der Fackelträger von Karel Opatrný. *Metro: Staroměstská (A)*

Entspannen & Genießen

Müde vom Stadtrundgang? Hier werden Ihre Muskeln wieder fit gemacht

Bangkok liegt an der Moldau: In dem sauberen Massagesalon Thai Fit im Zentrum von Prag knetet einfühlsames Fachpersonal flinkfingrig den Stress aus der Haut. Von 9 bis 21 Uhr wird hier für Rundumwohlergehen gesorgt – für 500 Kronen pro Stunde. *Na poříčí 21, Tel. 24 81 18 72, www.thaifit.cz, Metro: Florenc (B, C)*

Karlsbrücke (Karlův most) **[112 A4]**

★ Auf der 10 m breiten und 520 m langen Brücke buhlen heute ukrainische Karikaturisten, tschechische Puppenspieler und amerikanische Gitarristen um die Aufmerksamkeit der Passanten. 400 Jahre lang war die auf 16 Pfeilern ruhende gotische Karlsbrücke die einzige Verbindung zwischen Altstadt und Kleinseite. Kaiser Karl IV. hatte sie 1357 unter der Aufsicht von Peter Parler bauen lassen – mit blanker Brüstung: Erst zwischen 1657 und 1714 kamen nach und nach die heute kaum wegzudenkenden *Figuren* hinzu. Die bekannteste Statue dürfte der *hl. Nepomuk* sein (von der Altstadtseite die achte Figur rechts, sie war 1683 eine der ersten auf der Brücke). Der Brückenheilige schützt auch in der böhmischen Provinz, in Schlesien, entlang der Elbe und in Bayern vor Hochwasser und Schiffsunglücken. Das Handauflegen am Relief im Pfeiler soll Glück bringen – die blank geriebene Stelle macht klar, wie viele Besucher daran glauben. Zwischen dem sechsten und siebten Pfeiler rechts markiert ein *Kreuz* in der Brüstung den Ort, wo der Priester vor 600 Jahren von den Schergen des Königs Wenzel IV. in den Fluss gestürzt wurde. Er hatte sich trotz Folter an das Beichtgeheimnis gehalten. Die erste Figurengruppe der Karlsbrücke war 1657 übrigens die *Kreuzigungsszene* (dritte Statue rechts), die bisher letzte das Heiligenduo *Kyrillos und Methodios* (1938, fünfte Statue rechts). *Aussichtsturm April–Okt. tgl. 10–18, Nov.–März 10–17 Uhr, Karlův most, Metro: Staroměstská (A)*

FRIEDHÖFE

Alter jüdischer Friedhof (Starý židovský hřbitov) **[112 B4]**

★ Was wie kunstvoll arrangiert aussieht, entstand aus purer Platz-

Auf dem alten jüdischen Friedhof stehen die Grabsteine dicht an dicht

not: Weil auf dem jüdischen Friedhof Gräber nicht nach einer bestimmten Zeit »aufgehoben« wurden, musste jahrhundertelang neue Erde aufgeschüttet werden. Als Ergebnis liegen die Toten hier in bis zu neun Schichten übereinander, und die Steine stehen dicht an dicht. Das bekannteste Grab des Friedhofs gehört dem 1609 gestorbenen Schöpfer des legendären Golems, Jehuda Liwa ben Bezallel, genannt Rabbi Löw. Das letzte Begräbnis fand hier nachweislich im Mai 1787 statt, aber wann das erste der schätzungsweise 200 000 Gräber errichtet wurde, weiß niemand so genau. Der älteste der 12 000 Steine stammt jedenfalls aus dem Jahr 1439. Wer das Grab von Franz Kafka sucht, wird es hier nicht finden – der Schriftsteller liegt auf dem neuen jüdischen Friedhof. *Tgl. außer Sa 9.30–18 Uhr, U starého hřbitova 3a, Metro: Staroměstská (A)*

Insider Tipp

Neuer jüdischer Friedhof (Nový židovský hřbitov) **[0]**

Den neuen jüdischen Friedhof besuchen zu Unrecht viele nur wegen Franz Kafka. Die letzte Ruhestätte des 1924 gestorbenen Autors befindet sich gleich in der ersten Reihe des Gräberfelds, wenn man aus Richtung des Hotels »Don Giovanni« kommt (drittes Eingangstor). Sehenswert sind auch die Soldatengräber aus beiden Weltkriegen. *Do und So 9.15–15.30, Fr 9–12.30 Uhr, Žižkov, Nad vodovodem 1, Metrostation Želivského (A)*

Vyšehrad (Hochburg) **[115 E5–6]**

★ Nur am Wochenende trifft man auf dem bizarren Moldaufelsen viele Spaziergänger, die meisten Pragbesucher meiden Vyšehrad. Zu ihrem eigenen Schaden, denn von der *Peter-und-Paul-Kirche* hat man einen schönen Blick über die Stadt. Auf diesem Hügel orakelte um 725 die Fürstin Libuše, Stammmutter der Přemyslidendynastie, der Stadt einen »Ruhm, der bis zu den Sternen reicht«. Später stand hier die Siedlung böhmischer Fürsten. Die erste Burg, von der unter anderem noch die romanische *Martinsrotunde* zu sehen ist, wurde im 15. Jh. während der Hussitenkriege zerstört. Die Rotunde von 1275 ist übrigens eins der ältesten Bauwerke Prags. In der Nähe führt ein Tor zu einem unterirdischen Lager, in dem zahlreiche Originalstatuen der Hauptstadt vor dem Zerfall geschützt werden. Durch ein Portal neben der Kirchenfront gelangt man zum *Ehrenfriedhof* des Landes, dem *Slavín*. Hier wurden viele hervorragende Persönlichkeiten der tschechischen Geschichte bestattet, unter anderem die Komponisten Bedřich Smetana und Antonín Dvořák und die Schriftsteller Karel Čapek, Jan Neruda und Božena Němcová. Als erster war hier 1901 der Dichter Julius Zeyer begraben worden. *Tgl. 9.30–17 Uhr, Soběslavova, Metro: Vyšehrad (C)*

KIRCHEN

Maria-Schnee-Kirche (Kostel Panny Marie Sněžné) **[112 C5]**

Karl IV. ließ auch Gotteshäuser errichten. Eines davon ist die Kirche Maria Schnee, mit deren Bau 1347 begonnen wurde. Nach dem Willen des Kaisers sollte sie als Krönungskirche dienen, und dementsprechend ehrgeizig angelegt war der ursprüngliche Plan – sollte sie doch den Veitsdom an Größe übertreffen. Die Arbeiten wurden wegen der Hussitenkriege unterbrochen und im 17. Jh. mit Renaissance-Umbauten kurz wieder aufgenommen. Mit ihrer Schiffhöhe von 33 m ist die Maria-Schnee-Kirche der höchste Kirchenbau der Hauptstadt. Im Innern steht auf dem größten Prager Altar das Gemälde »Mariä Verkündigung« (1724) von Václav Vavřinec Reiner. *Jungmannovo náměstí, Metro: Můstek (A, B)*

St.-Niklas-Kirche (Chrám sv. Mikuláše) **[110 C4]**

Atemberaubend: In der St.-Niklas-Kirche (1703–56) fände der 60 m hohe Aussichtsturm des Petřínhügels locker Platz – so monumental entwarfen Vater und Sohn Dientzenhofer das barocke Gotteshaus auf der Kleinseite. Als Johann Lukas Kracker 1760 das *Fresko* über dem 75 m hohen Hauptschiff malte, schauten Dutzende Prager täglich dabei zu. »Die Verherrlichung des hl. Nikolaus« gehört mit 1500 m² zu Europas größten Gemälden. Das Dreifaltigkeits-Fresko in der Kuppel malte Franz Xaver Balko, die vier mächtigen Figuren darunter schuf der Rokokobildhauer Ignaz Platzer.

Auch bei der Gestaltung des Glockenturms hatte die Familie Dientzenhofer die Finger im Spiel: Den fast 80 m hohen Bau entwarf Schwiegersohn Anselm Lurago. *Malostranské náměstí, Metro: Malostranská (A)*

Maria-Siegreich-Kirche (Kostel Panny Marie Vítězné) **[110 C5]**

Das an Stelle einer Hussitenkirche ab 1611 entstandene Gotteshaus war der erste Barockbau seiner Art in Prag. Ursprünglich entstanden für deutsche Lutheraner, fiel die Kirche 1624 im Zuge der Gegenreformation an den katholischen Karmeliterorden. Weltweites Pilgerziel ist die Wachsfigur des Prager Jesuskindes, eine spanische Renaissancearbeit, die Polyxene von Lobkowitz 1628 der Kirche schenkte. *Karmelitská 7, Straßenbahnhaltestelle Hellichova ab Metrostation Malostranská (A)*

Insider Tipp

Teynkirche (Týnsky chrám) **[112 C4]**

Das Prachtstück böhmischer Gotik (1365–1511) mit seinen 80 m hohen Türmen dominiert den Alt-

Rathaus und Teynkirche

städter Ring. Der kräftigere rechte Turm (genannt »Adam«) spendet dem schlankeren (»Eva«) im Sommer Schatten und senkt so die Temperaturen im Turminneren – das war wichtig in Zeiten, in denen »Eva« als Lager für leicht Verderbliches diente. Die *Marienstatue* kam erst im 17. Jh. an die Fassade, zuvor prangte hier ein riesiger Kelch – das Zeichen der Hussiten, die das Abendmahl mit Brot und Wein zelebrierten. Nach ihrer Niederlage 1620 wurde der Kelch eingeschmolzen und zum Formen der Madonna benutzt.

Im kargen Innern der Kirche befindet sich nahe des Hauptaltars die *Grabplatte* (1601) von Tycho Brahe. Der dänische Astronom von Kaiser Rudolf II. trug zu Lebzeiten eine Nase aus Gold und Silber, da er seine eigene bei einem Duell in Rostock verloren hatte. Die Restaurierung der 1673 vollendeten Orgel des Kölner Orgelbauers Johann Heinrich Mundt durch die Bonner Orgelbaufirma Klais war 1999 mit einer Festwoche gefeiert worden. *Staroměstské náměstí, Metro: Staroměstská (A)*

PARKS & GÄRTEN

Insider Tipp

Franziskanergarten (Františkánská zahrada) [112 C5]

Zahlreiche Bänke und Spazierwege bieten in unmittelbarer Nähe des hektischen Wenzelplatzes eine Insel der Ruhe im Häusermeer. Zuvor war der Platz für manche ein Ort der ewigen Ruhe: Ein Teil des Gartens entstand auf dem früheren Friedhof des Franziskanerordens. Eine entsprechende Verwandlung machte die Hütte inmitten der Beete durch: Sie war zunächst eine Leichenhalle, dann wurde sie zum Gartenhaus. Im Laufe der Jahre wurde das vorbildlich gepflegte Gelände mit ungewöhnlichen Kunstwerken ergänzt: Während eine Kinderfigur namens David sich am Wasser labt, laufen auf einem anderen Sockel drei weibliche Fabelwesen geheimnisvoll umher. *Jungmannovo náměstí, Metro: Můstek (A, B)*

Kampa [111 D5]

Die anmutige Halbinsel ist ein beliebter Ort für Spaziergänge. Von der Kleinseite trennt sie fast über die ganze Länge ein künstlicher Moldauarm, der Teufelsbach *Čertovka.* Er diente den lokalen Mühlen jahrhundertelang als Antrieb. Am nördlichen Ende des Bachs ragt das *Prager Venedig (Pražské Benátky)* hervor, eine Gruppe alter Häuser. Ursprünglich befanden sich auf der Kampa nur Parkanlagen, dann kamen immer mehr Mühlen hinzu. Die erste war im 13. Jh. die *Sova-Mühle (Sovovy mlýny),* mit deren Renovierung 2000 begonnen wurde. Die Bürgerhäuser auf der Kampa entstanden erst im 16. Jh. *Metro: Malostranská (A)*

Königsgarten (Královská zahrada) [110 C3]

Der renommierte Gartenmeister Francesco aus Italien legte das Areal 1534 nach dem Plan des Architekten Giovanni Spazio an. Es war der erste Garten italienischen Typs in Böhmen. Zwischen 1555 und 1558 erweiterten M. Krafl, J. Šitler und T. Kafka das Gelände, das kurz darauf von Jan Vredeman de Vries im holländischen Stil umgestaltet wurde. In der zweiten Hälfte des 17. Jhs. erhielt der Garten seine

Ausgedehnte Parkanlagen bilden Oasen der Ruhe in der Stadt

gegenwärtige Gestalt als französischer Barockpark. Die Statue »Allegorie der Nacht« vor dem Gebäude stammt vermutlich von Matthias Braun. *Metro: Hradčanská (A)*

Seminargarten (Semináŕská zahrada) **[110 B–C5]**
Der Garten wurde Mitte des 17. Jhs. für den Karmeliterorden bei der Maria-Siegreich-Kirche gegründet. Seinen heutigen Namen bekam er aber erst Ende des 18. Jhs., als er zum erzbischöflichen Seminar gehörte. Heute ist der Garten besonders im Frühjahr ein beliebter Ort für Spaziergänge. Sobald der Abhang üppig blüht, unternehmen Maler und Fotografen einen Generalangriff, Kinderwagen werden über den sorgsam geschnittenen Rasen geschoben, Hunde springen übereinander und Jugendliche besetzen im süßen Rausch der ersten Liebe die Bänke. *Straßenbahnhaltestelle Hellichova ab Metrostation Národní třída (B)*

Terrassengärten der Burg (Hradni terasovité zahrady) **[110 C4]**
Paradiesisch an den Burghügel geschmiegt liegen die mit Brüstungen, Treppen und Brunnen verzierten Gärten der Adelsgeschlechter Ledebour, Fürstenberg und Kolowrat. Letzterer gilt als schönstes Areal der Kleinseite. Der Rokokogarten war um 1784 von Ignác Palliardi entworfen worden. Im dazugehörigen Palais hatte von 1923 bis zum Kriegsbeginn die demokratische tschechoslowakische Regierung ihren Sitz.

Auch der Ledebour-Garten wurde von Palliardi entworfen (1787). Das hübsche Gelände ist mit Hilfe einer Stiftung, zu deren Mitgliedern auch Präsident Václav Havel und der britische Thronfolger Prinz Charles gehören, renoviert worden. Der Architekt des Fürstenberg-Gartens ist nicht bekannt. Das Palais ist heute Sitz der polnischen Botschaft. *Metro: Malostranská (A)*

PLÄTZE

Altstädter Ring (Staroměstské náměstí) **[112 B4]**
★ Der älteste Prager Platz lässt sich von einem bequemen Stuhl aus am besten betrachten. Dutzende, allerdings nicht billige Restaurants bieten dazu im Sommer Gartenlokale an. Auf dem Altstädter Ring (damals »Großer Platz« genannt) wurden bereits im 12. Jh. Waren umgeschlagen. Händler aus ganz Europa boten hier Gewürze und Gemüse, Schmuck und Seide, Holz und Zuchttiere an. Zuvor mussten die Kaufleute jedoch im Hof hinter der Teynkirche einen Zoll zahlen, das »Ungelt«. So heißt der 1996 nach kostspieliger Renovierung eröffnete Platz noch heute. Und auch auf dem Altstädter Ring wird heute wieder mit allem Möglichen gehandelt. Bei den Dingen,

die vorrangig Touristen angeboten werden, scheint Qualität und Authentizität nicht gerade Bedingung zu sein. Hauptanziehungspunkt für die Besucher des traditionellen Zentrums ist die *Astronomische Uhr* am *Altstädter Rathaus* mit der stündlichen »Apostel-Parade« *(10 bis 22 Uhr)*. Genaue Beobachter können an den halben Fensterrahmen sehen, dass der Nordflügel des Rathauses fehlt. Er wurde in den letzten Tagen des Zweiten Weltkriegs bei Gefechten der abziehenden Wehrmacht ruiniert. An der Ostseite des Rathausturmes wurden 1621 nach der verlorenen Schlacht am Weißen Berg 27 Protestanten hingerichtet. Den Märtyrertod starb auch *Jan Hus,* dessen *Statue* sich inmitten des Platzes erhebt. Um den 1415 »wegen Ketzerei« in Konstanz verbrannten Reformator gruppierte Bildhauer Ladislav Šaloun Unterdrückte (links) und Aufständische (rechts). Ein Augenschmaus sind die zahlreichen *Palais* im Rokoko-, Renaissance- und Gotikstil des Altstädter Rings, die berühmte Bewohner wie Franz Kafka, Albert Einstein und Bedřich Smetana hatten (Gedenktafeln erinnern daran). *Metro: Staroměstská (A)*

Wenzelsplatz (Václavské náměstí) **[112 C5–6]**

★ Ein Boulevard der Eiligen, der Schlendernden, der Verliebten, der Erlebnishungrigen, der Taschen- und der Tagediebe: Das ist der Wenzelsplatz heute. Er beherbergt zwei Metrostationen, zwölf Wechselstuben, zahlreiche Büros, Geschäfte und Restaurants, dabei hatte ihn Karl IV. 1348 lediglich als Rossmarkt vor den Toren der Altstadt gegründet. 500 Jahre später unterlagen die Böhmen hier in ei-

Richtig fit!

Zu viele Knödel gegessen? Hier haben Sie Gelegenheit, die Pfunde loszuwerden

Für viele Exil-New-Yorker ist die Letnaebene »die schönste Joggingstrecke seit dem Central Park«. Unabhängig vom Wahrhe tsgehalt dieses Lobs ist das Areal zwischen Expo-58-Bau und Burg ein schöner und beliebter Rennweg: Alte Bäume spenden Schatten, und frei laufende Hunde sind eigentlich selten. Am günstigsten ist das Betreten des Parks von der Straßenbahnhaltestelle *Sparta* (mehrere Linien von der Metrostation Hradčanská). Von dort aus sind viele Strecken (3–10 km) möglich – der Wermutstropfen: gelaufen wird fast nur auf Asphalt. Am attraktivsten ist der Weg am Rand des Hügels Richtung Burg, mit Panoramablick über Stadt, Land und Fluss. Dann geht es leicht aufwärts über eine schmale Brücke in den Chotekgarten *(Chotkovy sady)* bis zum Lustschloss *Belveder.* Von der gleichnamigen Haltestelle fahren zahlreiche Straßenbahnlinien bergab zur Metrostation Malostranská (A).

nem Streit den Habsburgern. Zum Trotz gaben sie dem 750 m langen und 60 m breiten Ort den Namen des Landespatrons *Wenzel.* Er steht als *Bronzedenkmal* am oberen Ende des Platzes, vor dem gewaltigen Gebäude des Nationalmuseums. Flankenschutz geben der Reiterfigur die Statuen der Landesheiligen Agnes, Ludmila, Prokop und Adalbert (Vojtěch). In der Nähe des Denkmals beging der Student Jan Palach am 16. Januar 1969 aus Protest gegen die Lethargie des Volkes nach dem Einmarsch der Warschauer-Pakt-Staaten Selbstmord durch Verbrennung. In den 1980er-Jahren versuchte Innenminister Strougal, mit der Anlage des mittleren Grünstreifens Demonstrationen zu verhindern. Wenige Jahre später konzentrierte sich trotzdem auf dem Wenzelsplatz der Protest gegen das kommunistische Regime. Als der Bürgerrechtler und Dramatiker Václav Havel im November 1989 vom Balkon des Verlagshauses Melantrich sprach, war die demokratische Revolution nicht mehr aufzuhalten. *Metro: Můstek (A, B), Muzeum (A, C)*

PRAGER BURG/HRADSCHIN

★ **[110 B–C4]** Das größte zusammenhängende Burgareal der Welt ist an manchen Tagen zu klein für die zahlreichen Besucher. Wer daher das Ambiente der 7,2 ha großen Anlage ganz genießen will, sollte am frühen Morgen oder späten Nachmittag kommen. *Metro: Hradčanská (A)*

Das Burggelände

Die *Adelspaläste* am Hradschiner Platz *(Hradčanské náměstí)* entstanden erst nach einem großen Brand im Jahr 1541, vorher war das leicht abschüssige Areal von et-

Burganlage und Gärten aus der Vogelperspektive

lichen Bürgerhäusern umgeben. Wenige Jahre nach der Feuersbrunst wurden hier Anführer eines Aufstandes gegen die Habsburger hingerichtet. Das *Eingangstor* der Burg wird von den »Kämpfenden Giganten« des Bildhauers Ignaz Platzer bewacht – und von den Posten der Burgsoldaten. Ihre Uniformen hat der berühmte Schneider Theodor Pištěk 1990 entworfen, der für seine Ausstattung im Miloš-Forman-Film »Amadeus« einen Oscar bekam. Die *Wachablösung* um 12 Uhr mittags erfolgt mit einer Hymne, die der Rockmusiker Michael Kocáb auf Bitten Václav Havels komponierte. Die Idee zu den 25 m hohen Fahnenstangen aus Tannenholz stammt von Plečnik. Inmitten des kargen zweiten Burghofs steht besonders auffällig der *Sandstein-Barockbrunnen* (1686) von Francesco Torre mit Plastiken von Hieronymus Kohl und einem schmiedeeisernen Renaissancegitter. In der 1855 neobarock umgestalteten *Hl.-Kreuz-Kapelle* von Anselmo Lurago (um 1755) war ab 1961 zeitweise der Schatz des Veitsdoms ausgestellt. Er gilt als künstlerisch wertvollster Domschatz Mitteleuropas, und vor allem Karl IV. hat einige Kuriosa beigetragen (z. B. angebliche Splitter vom Kreuz Jesu). In den ehemaligen königlichen Ställen ist die *Burggalerie* untergebracht. Gezeigt werden Gemälde aus dem 16. bis 18. Jh. Zu den wertvollsten gehört »Die Versammlung der Götter« von Peter Paul Rubens. Im dritten Burghof streckt sich ein 16 m hoher *Monolith* aus Mrákotín-Granit in die Höhe. Das 1928 aufgestellte Mahnmal für die Opfer des Ersten Weltkriegs war von Plečnik entworfen worden. Die benachbarte *Georgs-Statue* (1373) stammt von den Brüdern Georg und Martin von Cluj. *Burgareal April–Okt. tgl. 5–24, Gebäude 9–17 Uhr, Nov.–März tgl. 6–23, Gebäude 9–16 Uhr. Die Gärten sind im Winter geschlossen.*

Basilika St. Georg

Die rötliche Fassade der Basilika ist wenig einladend, aber im Innern entschädigen die spätbarocke *Doppeltreppe* und der romanische *Chorraum* für den Besuch. Der um 1150 nach einem Brand erneuerte Bau gilt als schönste romanische Kirche der Hauptstadt. Sie war 925 als Grabkirche der Großmutter des hl. Wenzel, der hl. Ludmila, geweiht worden. Ihre letzte Ruhestätte befindet sich in der *Kapelle* südlich des Chors. Vor der Krypta liegen die Gräber der Přemyslidenherrscher Vratislav (gestorben 921) und Boleslav II. (gestorben 999). Das Renaissance-Säulenportal aus dem 16. Jh. stammt von dem deutschen Baumeister Benedikt Ried. Auf der Empore der Basilika sind Reste der um 1200 entstandenen *Deckenmalerei* »Himmlisches Jerusalem« zu sehen. Das benachbarte Benediktinerkloster wurde 973 gegründet. Es beherbergt heute die Dauerausstellung »Alte Kunst Böhmens«.

Daliborka-Turm

Der Turm war Teil einer spätgotischen Befestigung aus dem 15. Jh. und diente bis ins 18. Jh. als Gefängnis. Er trägt den Namen des ersten Häftlings, des Ritters *Dalibor von Kozojedy*. Der Anführer eines Bauernaufstandes soll hier bis zu seiner Hinrichtung 1498 hinreißend Geige gespielt haben. Smetana nutzte vier Jahrhunderte später die Legende für seine Oper »Dalibor«. Das Werk wurde 1868 bei der Grundsteinlegung des Nationaltheaters gespielt.

Goldmachergässchen
Kaum vorzustellen, aber wahr: Das Touristenamt hat in der schmalen Furt an manchen Tagen mehr Besucher gezählt als auf der Karlsbrücke. Es ist also zu empfehlen, das Gässchen in der Hochsaison eher morgens oder abends zu besuchen. Das einzige Gold, das hier je hergestellt wurde, waren übrigens die Erzählungen von Franz Kafka. Der chronisch lungenkranke Autor lebte 1916 einige Zeit in der vielbesuchten Nr. 22.

Insider Tipp **St.-Veits-Dom**
In der Metropolitankirche des Prager Erzbistums herrscht manchmal mehr Betrieb als in einer Bahnhofshalle. Aber die 124 m lange, 60 m breite und 34 m hohe Kathedrale behält trotz aller Unübersichtlichkeit ihre Würde. Obwohl der Grundstein bereits 1344 gelegt wurde, war der Dom erst 1929 fertig. Noch als Thronfolger machte Karl IV. den Franzosen Matthias von Arras zum Baumeister. Nach dessen Tod (1352) berief er, inzwischen Kaiser, den damals 23-jährigen Peter Parler aus Schwäbisch-Gmünd zum Architekten. Dieser gestaltete in den folgenden 46 Jahren das südliche Querschiff und den Chor. Nach Parlers Tod (1399) verschleppten die Hussitenkriege die Bauarbeiten, und erst 1892 wurden die beiden 82 m hohen *Westtürme* beendet. Der knapp 100 m hohe *Hauptturm* wurde gotisch begonnen, im Renaissancestil weitergebaut und barock beendet. Die stilwidrige Kupferspitze sollte vorläufig sein, doch das Provisorium hält bis heute. Im Dom sah Parlers Plan kein Buntglasfenster

Noch ist nichts los im Goldmachergässchen, aber das bleibt nicht lange so

vor, doch passt die mächtige *Rosette* (»Die Erschaffung der Welt«) mit einer Fläche von 100 m² kongenial zu seiner Arbeit. František Kysela setzte sie 1921 aus mindestens 27 000 Gläsern zusammen. Bemerkenswert ist auch das Fenster »Kyrill und Method« in der dritten Kapelle – die Auftragsarbeit einer Bank wurde vom Jugendstilkünstler Alfons Mucha angefertigt. 1929 wurden die Arbeiten am Veits-Dom nach den alten Plänen von Peter Parler für beendet erklärt.

Vladislav-Saal

Mit 62 m Länge, 16 m Breite und 13 m Höhe nimmt der Vladislav-Saal (auch »Huldigungs-Saal« genannt) den 2. Stock des früheren Königspalasts komplett ein. Benedikt Ried aus Piesting hatte den Saal mit romanischen Elementen entworfen (1493–1502). Unter dem spätgotischen Gewölbe wurden früher die böhmischen Könige gewählt, und jeder Staatspräsident seit 1918 ließ sich hier vereidigen. So demokratisch ging es nicht immer zu: Im Mittelalter fanden im Vladislav-Saal Bankette und Turniere statt. Die Ritter kamen dann mit ihren Pferden die Reitertreppe mit den auffallend breiten und flachen Stufen herunter, die heute im Nordflügel den Ausgang bildet.

Mittelschiff des St.-Veits-Doms

STADTVIERTEL

Altstadt (Staré Město) **[112 B–C 4–5]**

★ Das Gassengewirr am Moldaubogen war immer schon das vitalste Viertel von Prag. Bereits im 10. Jh. ließen sich hier Handwerker, Kaufleute und Kolonialwarenhändler nieder, und 1230 erhielt das Gebiet von König Wenzel I. das Stadtrecht. Im Viertel um den »Großen Platz« (heute der Altstädter Ring) wurde damals überwiegend im romanischen Stil gebaut, bevor unter der Regentschaft von Karl IV. zahlreiche gotische Bauten hinzugefügt wurden. Nach der Erfahrung zahlreicher Überschwemmungen stockten viele Prager ihre gotischen Altstadthäuser in barockem Stil auf. Dies ist besonders entlang der *Celetná* und der *Husová* zu sehen. Dort haben sich gemütliche Weinstuben und Restaurants in jenen Kellern etabliert, die einst als Erdgeschoss konzipiert waren.

Eine scharfe Zäsur erlebte die Altstadt mit einem Großbrand (1689) und der Sanierung des Judenviertels (ab 1897). Das stark ruinierte Josefov wurde weitgehend abgerissen, es entstand ein modernes Wohnviertel. Die dortige *Pařížská* (Pariser Straße) hat sich mittlerweile von einer zweckmäßi- Insider Tipp gen Achse zwischen Altstädter Ring und Moldau zur Flaniermeile entwickelt, wenn ihr auch das Flair großer Boulevards noch fehlt. *Metro: Staroměstská (A)*

Josefstadt (Josefov) **[112 B4]**
Die ersten Hinweise auf jüdische Siedlungen in Prag stammen aus dem 10. Jh. Wahrscheinlich wohnten die meist als Geschäftsleute tätigen Juden zunächst auf der Kleinseite und mussten im 13. Jh. auf Grund eines Erlasses in das Viertel um die spätere *Altneusynagoge* ziehen. Mit dem Bau von eigenen Schulen, Synagogen und Wohnhäusern wuchs die Siedlung schnell. Ihre Bewohner waren aber wiederholt Opfer von Pogromen. Beim schlimmsten Übergriff an Ostern 1389 starben mehr als 3000 Juden. Ihrer wird jedes Jahr am höchsten jüdischen Feiertag Jom Kippur (Versöhnung) in der Altneusynagoge gedacht. Erst unter Kaiser Rudolf II. (1576–1612) prosperierte das Viertel, denn das tolerante Oberhaupt pflegte häufige Kontakte mit Mitgliedern der jüdischen Gemeinde. Mordechaj Maisel wurde gar Finanzminister unter Rudolf II. Der Kaiser handelte aber nicht ohne Hintergedanken: Der jüdische Bankier lieh dem kunstverrückten Herrscher aus seinem Privatvermögen nennenswerte Summen für die kaiserlichen Sammlungen. Aber erst 1848 erhielten die Juden Bürgerrechte und durften außerhalb der Josefstadt wohnen. Gewissermaßen war das das Todesurteil für das Viertel: Nachdem der überwiegende Teil der wohlhabenden Familien weggezogen war, verfiel das Ghetto zusehends. Ende des 19. Jhs. entschied sich die Verwaltung zu einer radikalen »Sanierung« der Judenstadt und für den Bau einer modernen Stadt à la Paris. Die alten Häuser wurden abgerissen und durch neue ersetzt. Außer wenigen Denkmälern blieben nur der *Alte Friedhof*, das *Rathaus* und sechs *Synagogen* erhalten. Im Zweiten Weltkrieg wurde das soziale Gefüge der Gemeinde dann von den deutschen Besatzern völlig zerstört und die meisten Bewohner ermordet. Einzig die Bauwerke blieben verschont, da die Nationalsozialisten in Prag ein »Museum der ausgestorbenen Rasse« errichten wollten. *Metro: Staroměstská (A)*

Kleinseite (Malá strana) **[110 C4–5]**
★ Der zweifellos entzückendste Teil Prags hieß im 13. Jh. zunächst »Neustadt unter der Burg«, dann »Kleinere Prager Stadt«, woraus später »Kleinseite« wurde. 27 Jahre nach der Altstadt wurde das fast 7 ha große Tal zwischen der Moldau und ihren Hügeln *Hradschin* und *Petřín* (Laurenziberg) zur Stadt, als König Přemysl Otakar II. ihr als zweitem Prager Viertel 1257 das Recht dazu erteilte. Im 16. Jh. motivierte die Nähe zum Machtzentrum – der Burg – den Adel zu einem Bauboom. Durch steten Handel mit dem königlichen Hof mehrten die Bürger ihr Vermögen, und es entstanden wuchtige Palais im Renaissance- und Barockstil. Meilensteine des Aufschwungs sind die *St.-Niklas-Kirche* und die *Häuser* der Dynastien *Waldstein, Nostitz* und *Thun-Hohenstein.* Nach der Gründung der Tschechoslowakei 1918 übernahmen ausländische Vertretungen einen Großteil der verwaisten Adelsresidenzen. Hinter

einigen klassizistischen Fassaden und in zahlreichen Kellergewölben sind seit 1989 jene Weinstuben, Bierkneipen und Restaurants entstanden, für die die Kleinseite heute bekannt ist. Wer es ruhiger liebt, findet in den *Gärten* entlang der Letenská-Straße Entspannung. Äußerst beliebt ist auch die Halbinsel *Kampa* mit ihren romantischen Wiesen am Teufelsbach *(Čertovka)*. *Metro: Malostranská (A)*

Neustadt (Nové Město) **[115 E–F 3–4, 116 A–B 3–4]**
Karl IV. hatte immer Großes vor: Der Kaiser wollte Prag zur modernsten Metropole Europas und neuen Kapitale des Heiligen Römischen Reichs machen. 1348 ließ er deshalb ein etwa 2 km^2 großes Areal von einer Mauer umfassen und gründete mit dieser halbkreisförmigen Umschließung des alten Kerns die Neustadt. Der weitsichtige Urbanist verdreifachte damit auf einen Schlag das Prager Gebiet. Karl IV. kümmerte sich aber auch um die Details – er legte die Höhe der Häuser fest und gab den Verlauf der Wege vor. »Damit mindestens zwei Gespanne nebeneinander passen«, wurden Straßen mit einer Breite von bis zu 25 m gebaut, und gotische Kirchen und Klöster entstanden. In Kürze schuf man auch drei mächtige Plätze, den Viehmarkt *(Karlovo náměstí)*, den Rossmarkt *(Wenzelsplatz)* und den Heumarkt *(Senovážné náměstí)*. Heute sind die meisten Begrenzungen der ursprünglichen Neustadt ebenso verschwunden wie der Graben, der einst den Rossmarkt von der Altstadt trennte. Geblieben sind die Renommierbauten, etwa das *Nationaltheater* (1868–81), *das Nationalmuseum* (1885–90) und das *Neustädter Rathaus* (um 1350). *Metro: Muzeum (A, C)*

SYNAGOGEN

Nach Pogromen und dem Wegzug zahlreicher Mitglieder versucht die jüdische Gemeinde seit der politischen Wende von 1989 einen Neubeginn. Die Anfänge waren viel versprechend, aber erst das nächste Jahrzehnt wird zeigen, ob das Judentum in Prag eine lebendige Zukunft hat. Die steinernen Zeugen der Vergangenheit beweisen die große Kultur der Gemeinde und zeigen den Verlust, den die Stadt erlitten hat. *Metro: Staroměstská (A)*

Altneusynagoge (Staronová synagóga) **[112 B4]**
Die Altneusynagoge wurde um 1275 errichtet und ist die älteste gotische Synagoge Europas. In der zweischiffigen Halle beeindruckt vor allem die präzise Steinmetzarbeit, zum Beispiel am *Eingangsportal* mit seinen feinen Ornamenten. Der Legende nach haben Engel nach der Zerstörung Jerusalems Teile von Salomons Tempel hierher getragen. Auch der tönerne Golem des Rabbi Löw war hier zu Haus: Seine lehmigen Reste werden der Sage nach auf dem Dachboden aufbewahrt. Die mächtige *Fahne* im Gewölbe schenkte Kaiser Ferdinand II. den Juden für ihren tapferen Kampf gegen die Schweden 1648. *Červená 2*

Klaus-Synagoge (Klausová synagóga) **[112 B4]**
In dem Barockbau aus dem 17. Jh. befindet sich eine Dauerausstellung über das Judentum mit seltenen

hebräischen Drucken. *U starého hřbitová 1*

Maisel-Synagoge (Maislova synagóga) **[112 B4]**
Die einst größte Prager Synagoge ließ Mordechaj Maisel Ende des 16. Jhs. bauen. Nach einem Brand wurde sie verkleinert und zu Beginn des 19. Jhs. neugotisch umgebaut. In ihr ist der Silberschatz aus vielen böhmischen Synagogen untergebracht. *Maislova 10*

Pinkas-Synagoge (Pinkasova synagóga) **[112 B4]**
Die künstlerisch wertvollste Synagoge Prags war Ende des 15. Jhs. vom Rabbi Pinkas gegründet worden. Der spätgotische Bau wurde im 17. Jh. um den Vorraum und die Frauengalerie erweitert. An den Wänden der Synagoge stehen die Namen der zwischen 1939 und 1945 ermordeten 77 297 Juden aus Böhmen und Mähren – ein erschütterndes Dokument. *Široká 31*

THEATERGEBÄUDE

Laterna magica **[112 B5]**
Jahrzehntelang war in Prag gestritten worden, wie die Baulücke neben dem grandiosen Nationaltheater gefüllt werden soll. Erst 1977 begann man mit dem Bau der Glasfassade, einem kühnen Entwurf von Karel Prager. Innen ist das Gebäude mit grünen Marmorplatten aus Kuba verziert. Der schlichte Zuschauersaal wendet sich wie ein Amphitheater der Bühne zu. Nach der Beendigung des Baus 1983 wirkte hier zunächst die *Nová scená* (Neue Bühne). Später zog die Laterna magica aus dem Palais Adria hierher. In den Vorstellungen ergänzt sie die Pantomimeeffekte des klassischen Schwarzlichttheaters mit Videotechnik. Da die Stücke sehr beliebt sind, ist das Haus oft ausverkauft. Interessenten sollten also früh eine Karte kaufen. *Nová scená, Národní třída 4, Tel. 24 91 41 29, Metro: Národní třída (B)*

Blick ins Innere der Maisel-Synagoge

Nationaltheater (Národní divadlo) **[112 B5]**
Das Neorenaissancegebäude wurde ab 1868 an der Stelle des Prager Salzlagers errichtet. Landesweit sammelten Sendboten damals Geld von der Bevölkerung, um den Bau nach Entwürfen von Josef Zítek zu vollenden. Doch kurz nach der Eröffnung (mit Bedřich Smetanas »Libuše«) legte ein Feuer das Theater am 12. August 1881 in Schutt und Asche. Der Wiederaufbau wurde zur nationalen Pflicht erklärt, und die Tschechen brauchten nur sechs Wochen, um das Unglaubliche Wirklichkeit werden zu lassen: Freizügig spendeten die Menschen genug Geld für einen Neubau. Am 18. November 1883 wurde das Theater nach einem Projekt von Josef Schulz um so feierlicher eingeweiht. An der Ausstattung beteiligten sich die besten Künstler – der geniale *Festvorhang* über der Bühne stammt von Václav Hynais. *Národní třída 2, Tel. 24 91 26 73, Metro: Národní třída (B)*

Staatsoper (Státní opera) **[113 D6]**
Durch die Stadtautobahn vom Zentrum abgeschnitten, steht die Staatsoper neoklassizistisch zwischen Jugendstil-Hauptbahnhof und dem funktionalistischen Parlamentsgebäude aus den 1970er-Jahren. Bis 1885 stand hier das hölzerne »Neustädter Theater«, dann wurde drei Jahre später (mit der urdeutschen Wagner-Oper »Die Meistersinger von Nürnberg«) das »Deutsche Theater« eröffnet. Den Entwurf für das Gebäude hatten die Wiener Architekten Ferdinand Fellner und Herrmann Helmer geliefert. Später änderte die Bühne ihren Namen in »Neues Deutsches Theater« und »Smetana-Theater«. Seit 1992 heißt der reich verzierte Bau, in dem Richard Wagners »Ring des Nibelungen« erstmals vollständig aufgeführt wurde, klangvoll »Staatsoper«. Vom deutschen Hintergrund des Hauses zeugt auch die *Fassade:* Neben dem Dionysoswagen und der Muse Thalia befinden sich die Porträts der Geistesgrößen Goethe und Schiller, daneben Mozart. *Wilsonova 4, Tel. 26 53 53 und 24 22 98 98, Metro: Muzeum (A, C)*

Ständetheater (Stavovské divadlo) **[112 C4]**
Das klassizistische Gebäude war eine Auftragsarbeit von Graf Franz Anton Nostitz-Rieneck und wurde zwischen 1781 und 1783 nach Entwürfen von Anton Haffenecker gebaut. Als »Nostitz-Theater« wurde es mit Lessings »Emilia Galotti« eröffnet. Die erste Vorstellung in tschechischer Sprache fand 1785 statt, bevor Mozart hier seinen »Don Giovanni« am 29. Oktober 1787 dirigierte. Der Meister hatte sich im Vorjahr mit »Figaros Hochzeit« in die Herzen der Prager gespielt. Damals trug das Haus noch nicht seinen jetzigen Namen: Die böhmischen Stände übernahmen erst 1799 die Leitung. Später wirkte hier Carl Maria von Weber als Direktor, Clara Schumann und Richard Wagner gaben Gastkonzerte. Zwischen 1945 und 1991 hieß das Haus »Tyl-Theater« nach dem Mitautoren der Nationalhymne, Josef Kajetán Tyl (1808–56). Sein Lied »Kde domov můj?« (Wo ist meine Heimat?) war hier zum ersten Mal gespielt worden. *Ovocný trh 6, Tel. 24 21 43 39, Metro: Můstek (A, B)*

Tschechische und andere Schätze

Prag ist ein einziges Museum, behaupten viele. Wem das nicht reicht: Zahlreiche Ausstellungen bieten zusätzliche Sensationen unter Glas

Als die Sammlung der modernen Kunst 1995 im renovierten Messepalast eröffnet wurde, rissen die Diskussionen in den Feuilletons der Zeitungen wochenlang nicht ab. Passen Kubisten und Impressionisten in einen funktionalistischen Bau? Viele werteten das Nebeneinander von französischen Klassikern und fortschrittlicher Architektur als Provokation. Jedenfalls sollte sich kein Pragbesucher diese spannende Begegnung entgehen lassen. Eine bemerkenswerte Linie hält seit einigen Jahren auch die Ausstellungsleitung des Rudolfinums. Ein Blick in das aktuelle Programm lohnt sich.

Prag hatte viel nachzuholen in der letzten Dekade, vor allem in der heimischen Kunstszene. Wie reich das Repertoire in den vergangenen Jahrhunderten war, verdeutlichen Besuche in der *Nationalgalerie* und der *Alten Kunst Böhmens.* Das *Smetana-* und das *Dvořák-Museum* zeugen vom hohen Niveau der Region ebenso wie das *Schriftarchiv.* Die Ausstellung von *Glaskunst* zeigt ein Gewerbe, das schon sehr lange in Böhmen angesiedelt ist und heute als traditionelles Handwerk eine Säule der Exportwirtschaft darstellt.

Die barocke Villa Amerika beherbergt das Dvořák-Museum

Während die Öffnungszeiten der Museen mit dem Montag als Ruhetag internationalen Gepflogenheiten entsprechen, liegen die Eintrittspreise bei fast allen Häusern deutlich niedriger als in anderen Ländern – dies ist aber nicht als Liebesdienst für Touristen zu verstehen, sondern als Zeichen für das landesweite Interesse der Tschechen an Ausstellungen. Für ausländische Besucher hat dies jedoch einen gewichtigen Nachteil, denn viele Museen bieten die Beitexte zu Kunstwerken nur in tschechischer Sprache an. Umso lohnender ist die Begleitung eines Fremdenführers von PIS *(Prager Informationsdienst, Na příkopě 20 und Staroměstské náměstí 24, Tel. 124 44)* oder anderen Organisationen.

Agneskloster (Anežský klášter) [112 C3]

Das frühgotische Doppelkloster der Klarissinnen beherbergt seit 1985 tschechische Malerei des 19. Jhs. Von den 500 Exponaten sind die

Bilder von Mikoláš Aleš, Luděk Marold, Josef Mánes und Jakub Schikaneder besonders bemerkenswert: Mit schlichten Mitteln präsentieren sie Momentaufnahmen des böhmischen Alltagslebens. Viele der ausgestellten Künstler haben ihr Atelier nur selten gesehen – als Auftragsarbeit bemalten sie zahlreiche Gebäude der Hauptstadt, z. B. das Nationaltheater. Das im Volksmund »Böhmisches Assisi« genannte Kloster war 1233 von König Wenzel I. gegründet worden. Erste Äbtissin war seine Schwester, die böhmische Prinzessin Agnes. *Di–So 10–18 Uhr, Anežká ulice 12, Metro: Staroměstská (A)*

Alte Kunst Böhmens (Staré české umění) **[110 C4]**
Das ehemalige Benediktinerinnenkloster St. Georg beheimatet seit den 1970er-Jahren alte tschechische Kunst – viel Gotik und etwas Barock. Empfehlenswert sind hier vor allem die bibelfesten Werke von »Meister Theoderich«, dem bedeutendsten gotischen Maler Böhmens, sowie die Skulpturen von Ferdinand M. Brokoff, Hans von Aachen und Adrian de Vries. *Di bis So 10–18 Uhr, Jirský klášter, Metro: Malostranská (A)*

Apothekermuseum (Expozice historických lékáren) **[110 C4]**
Ehemalige Apotheke mit hübscher Dokumentation über den uralten Kampf gegen den Verfallsprozess des menschlichen Körpers. Ausgestellt sind hier unter anderem historische Behälter und Instrumente zur Arzneiherstellung. *Di–So 12 bis 18 Uhr, Nerudova 32, Straßenbahnhaltestelle Malostranské náměstí ab Metrostation Malostranská (A)*

Bertramka (Mozart-Museum) **[114 B4]**
★ Im Schatten des Mövenpickhotels steht die ehemalige Villa der Opernsängerin Josefina Dušková, in der Mozart zwischen 1787 und 1791 häufig zu Gast war und wo er die Ouvertüre zu »Don Giovanni« schrieb. Zu sehen sind Mozarts Schlaf- und Arbeitszimmer, Originalpartituren und Briefe. Höhepunkte sind ein *Hammerklavier* des Meisters sowie 13 Haare von Mozarts genialem Kopf. Die Schaubilder zu Leben und Werk des Komponisten sind laut Gästebuch besser als Ausstellungen in anderen Mozart-Kultstätten. In der Villa werden auch klassische Konzerte veranstaltet. Der 1956 nach einem Brand rekonstruierte Bau ist heute eine gemütliche Stadtoase. Die *Mozartbüste* im Garten stammt vom tschechischen Bildhauer Tomáš Seidan (1876). Die im Garten verbreitete Nieswurz (tschechisch *Bertram*) gab der Villa ihren Namen – behaupten zumindest romantische Gemüter; prosaischere Quellen sprechen von einem Vorbesitzer namens Bertram. *Tgl. 9.30–18 Uhr, Mozartova 169, Metro: Anděl (B)*

Biermuseum (Pivovarské Muzeum) **[115 E2]**
In der ehemaligen Mälzerei des berühmten Lokals »U Fleků« wird die Geschichte des Bierherstellens anschaulich dargestellt. Fachkundige Führer erläutern auch die Funktionen der ausgestellten Gegenstände. *Tgl. 10–17 Uhr, Křemencova 11, Straßenbahnhaltestelle Lazárska ab Metrostation Můstek (A, B)*

MARCO POLO Highlights »Museen«

★ **Sammlung der modernen Kunst**
Atemberaubende Bandbreite (Seite 46)

★ **Nationalmuseum**
Tiefgang in die Geschichte (Seite 44)

★ **Nationalgalerie**
Europäische Gemälde und orthodoxe Ikonen (Seite 44)

★ **Jüdisches Museum**
Dokumentation eines reichen Kulturlebens (Seite 42)

★ **Spielzeugmuseum**
Plüsch und Blech und vieles mehr (Seite 46)

★ **Bertramka**
Wo Mozart am liebsten Urlaub machte (Seite 40)

★ **Literaturmuseum**
Es kafkat, kischt und brodelt in den Regalen (Seite 43)

★ **Technisches Museum**
Von der Dampfmaschine bis zum Formel-1-Wagen (Seite 47)

Bílek-Museum (Muzeum Františka Bilka) **[111 D3]**
Phantastisches Heim des Malers und Bildhauers František Bílek (1872–1941). Die von ihm entworfene Villa soll ein Weizenfeld symbolisieren: Die Betonsäulen stehen für halbhoch gewachsene Halme und kontrastieren mit den Backsteinen, die die rote Erde darstellen, und mit den Baumstämmen im Garten. Seit 1966 wird in dem Haus mit der ersten Flachdachkonstruktion Prags das expressionistische Werk des Künstlers gezeigt. *Di–So 10–17 Uhr, Mickiewiczova 1, Metro: Hradčanská (A)*

Comenius-Museum (Pedagogické muzeum J. A. Komenského) **[110 C4]**
Das »Haus zur goldenen Sonne« (U zlatého slunce) ist dem Leben und Werk von Johann Amos Comenius (1592–1670) gewidmet. Der Pädagoge und Prediger wirkte als letzter Bischof der Böhmisch-Mährischen Brüder. Seine Lehre ist längst international anerkannt. *Di–So 10–17 Uhr, Valdštejnská 20, Metro: Malostranská (A)*

Dvořák-Museum (Muzeum Antonína Dvořáka) **[116 A3]**
Auch architektonisch ist das Museum des Nationalkomponisten Antonín Dvořák (1841–1904) einen Besuch wert: Das barocke Lustschloss wurde 1712 von Kilian Ignaz Dientzenhofer für Graf Michna entworfen. Den Namen *Amerika* trägt die Villa in Erinnerung an den mehrjährigen Aufenthalt Dvořáks in New York, wo er zwischen 1892 und 1895 künstlerischer Leiter des Konservatoriums war und seine 9. Symphonie »Aus der Neuen Welt« komponierte. Das Museum zeigt das rekonstruierte Arbeitszimmer Dvořáks. *Di–So*

10–17 Uhr, Ke Karlovu 20, Metro: Karlovo náměstí (B)

Haus zur Schwarzen Madonna (U černé matky Boží) **[112 C4]**
Das erste kubistische Wohnhaus Europas, 1911 von Josef Gočár entworfen, beherbergt eine ständige Exposition des tschechischen Kubismus. Zu sehen sind Möbel, Gemälde und Architekturentwürfe aus den Jahren 1911 bis 1919. Die barocke *Muttergottesfigur* in einer Ecke der Fassade gab dem Haus seinen Namen. *Di–So 10–18 Uhr, Celetná 34, Metro: Náměstí Republiky (B)*

Historische Ausstellung (Historická expozice Národního muzea) **[110 C4]**
Hier finden Sie die umfassendste Ausstellung über die Zeitläufte tschechischer Geschichte: auf Schautafeln werden Zusammenhänge erklärt und Hintergründe erläutert. Daneben präsentieren gelegentlich junge Künstler ihre Werke – ein erfrischender Kontrast. *Di–So 9–17 Uhr, Jiřská 3, Metro: Malostranská (A)*

Insider Tipp **Ježek-Museum (Památník Jaroslava Ježka)** **[112 B4]**
Die ehemalige Wohnung des Komponisten Jaroslav Ježek (1906–42) ist Prags einziges *Jazzmuseum* und gleichzeitig das kleinste Museum der tschechischen Hauptstadt. Auf einer Fläche von nur 15 m² erinnern Konzertflügel, Schreibtisch und allerlei Gegenstände des täglichen Gebrauchs an den in Tschechien hoch verehrten Musiker. Den Schlüssel zum »Blauen Zimmer« hält eine benachbarte Musikstudentin bereit. Dieser Beiname des Museums hat nichts mit Blues oder Jazz zu tun, wie man vermuten könnte: Ježeks Augen waren so schlecht, dass ihm die blaue Farbe das Sehen erleichterte. *Nur Di 13–18 Uhr, Kaprova 10, Metro: Staroměstská (A)*

Jüdisches Museum (Židovské muzeum) **[112 B4]**
★ Das 1906 gegründete Museum war 1950 unter staatliche Verwaltung gestellt worden und wurde erst 1994 im Zuge der Restitution der jüdischen Gemeinde Prags zurückgegeben. Es dokumentiert die lange Tradition der Juden in Tschechien und wird von den Synagogen, dem Rathaus und dem alten jüdischen Friedhof eindrucksvoll ergänzt. *So–Fr 9.30–18 Uhr, Jáchymova 3, Metro: Staroměstská (A)*

Kafka-Museum (Muzeum Franze Kafky) **[112 B4]**
Im Geburtshaus des Schriftstellers (1883–1924) rekonstruiert seit 1991 eine karge Ausstellung das Leben und Werk von Franz Kafka. Die meisten seiner Manuskripte liegen allerdings im Tschechischen Literaturmuseum sowie im Archiv der deutschen Stadt Marbach. *Di–Sa 10–18 Uhr, náměstí Franze Kafky, Metro: Staroměstská (A)*

Kunstgewerbemuseum (Uměleckoprůmyslové muzeum) **[112 B4]**
Die größte Glassammlung der Welt ist hier zu besichtigen: insgesamt mehr als 16 000 Exponate aus Glas, Porzellan und Keramik, außerdem eine Abteilung mit Uhren und Messgeräten sowie mit kubistischen Möbeln. An der Fassade

symbolisieren Reliefs verschiedene Handwerke. Für das Gebäude musste Ende des 19. Jhs. ein Teil des benachbarten jüdischen Friedhofs weichen. *Di–So 10–18 Uhr, Ulice 17. listopadu 2, Metro: Staroměstská (A)*

Lapidarium **[0]**
Dieses Haus ist sozusagen das Museum des Nationalmuseums: In dem 1891 errichteten Gebäude sind Details von nicht vollendeten oder zerstörten Objekten zu sehen sowie Kunstwerke, die von Witterungseinflüssen bedroht sind (unter Insider Tipp anderem die *Originalfiguren* der Karlsbrücke). *Fr–So 10–18 Uhr, Výstaviště 422, Straßenbahnhaltestelle Výstaviště ab Metrostation Nádraží Holešovice (C)*

Literaturmuseum (Strahovský klášter) **[110 A5]**
★ Was schrieb Kafka einen Tag vor seinem Tod an seine Eltern? Im »Museum des nationalen Schriftguts« ruht dieser Brief von 1924 nebst tausenden anderen Dokumenten – der Nachlass berühmter tschechischer Schriftsteller wie Franz Kafka oder Egon Erwin Kisch dient in erster Linie literarischen Studien. Das Museum ist nur ein kleiner Teil des gewaltigen Prämonstratenserklosters. Der bedeutendste Raum ist sicher die *Bibliothek* mit ihren foliantengefüllten Barock-Bücherschränken, antiken Globen und atemberaubenden Deckenfresken. Trotz zahlreicher Kriegsschäden hat das mehrfach umgebaute Kloster nichts von seinem herben Charme verloren. Fürst Vladislav II. hatte es 1140 gegründet. Unweit des Areals bieten sich wunderschöne Blicke über Prag. *Di–So 9–17 Uhr, Strahovské nádvoří 132, Straßenbahnhaltestelle Hrad ab Metrostation Malostranská (A)*

Marionettenmuseum (Muzeum Loutkářských Kultur) **[112 B4]**
Auf 300 m² ist die Entwicklung des Marionettenspiels der vergangenen drei Jahrhunderte dargestellt. Schwerpunkt ist die Tschechoslowakei. Viele wertvolle Originale können hier bewundert werden. *Tgl. 10–19 Uhr, Karlova 12, Metro: Staroměstská (A)*

Mucha-Museum **[112 C5]**
1998 eingerichtetes Museum für den vielseitigen Jugendstilkünstler Alfons Mucha (1860–1939). Unter den hundert Exponaten befinden sich zahlreiche grafische Arbeiten (z. B. Plakate für die französische Schauspielerin Sarah Bernhardt) sowie Gemälde mit Szenen aus der slawischen Geschichte. *Tgl. 10 bis 18 Uhr, Panská 7, Metro: Muzeum (A, C)*

Ort der Muße und des Studiums: Bibliothek im Strahov-Kloster

Muzeum Aloise Jiráska a Mikoláše Alše **[0]**

Das Gebäude ist gewissermaßen der Star unter den Prager Museen: Das sternförmige Lustschloss war 1555 von einem inspirierten Architektentrio entworfen worden. Heute ist das *Hvězda* den bildenden Künstlern Alois Jirásek und Mikulaš Aleš gewidmet. Im Erdgeschoss befinden sich italienische Renaissancestuckaturen mit Motiven aus der antiken Mythologie. Der erholsame Wildpark um das Areal entstand bereits 1530. *Di–So 14–18 Uhr, obora Hvězda, Straßenbahnhaltestelle Hvězda ab Metrostation Hradčanská (A)*

Insider Tipp

Museum der tschechischen Musik (Muzeum české hudby) **[110 C4]**

Das ehemalige Palais des Großpriors des Malteserordens beherbergt eine der größten Instrumentensammlungen der Welt. Sehenswert ist aber auch das 1726 von Bartolomeo Scotti erbaute Herrenhaus im hochbarocken Stil. Die Plastiken stammen von Matthias Braun. *Di–So 10–17 Uhr, Lázeňská 2, Metro: Malostranská (A)*

Museum für Heeresgeschichte (Vojenské muzeum) **[110 B4]**

Im Innenhof des Schwarzenberg-Palais ist schweres Geschütz aufgefahren (Kanonen aus k. u. k. Zeit), im Gebäude werden Mordwaffen aus der Zeit vom Mittelalter bis 1918 gezeigt. Schwerpunkt der Ausstellung ist jedoch der Dreißigjährige Krieg (1618–48), der mit dem Prager Fenstersturz begonnen hatte. *Di–So 10–18 Uhr, Hradčanské náměstí 2, Metro: Malostranská (A)*

Nationalgalerie (Národní galerie) **[110 B4]**

★ Das Sternberg-Palais, entstanden um 1700 nach Entwürfen von Domenico Martinelli und Giovanni Battista Alliprandi, beherbergt eine Fülle von Werken deutscher, italienischer und flämischer Künstler. Höhepunkt ist das »Rosenkranzfest«, das Albrecht Dürer 1506 in Venedig malte. Der Künstler hat sich auf dem Bild verewigt, das Kaiser Rudolf II. erwarb und zu Fuß über die Alpen nach Prag bringen ließ. Eindrucksvoll ist auch die »Madonna mit dem hl. Lukas« von Jan Gossaert, der den Evangelisten in provokant lässiger Pose darstellte. Daneben präsentiert die Galerie eine unspektakuläre, aber sorgsam ausgewählte Sammlung mit Werken von Lucas Cranach d. Ä., El Greco, Francisco Goya, Frans Hals, Rembrandt, Peter Paul Rubens und Tintoretto. Auch Liebhaber russischer Ikonen und italienischer Meister des 14. und 15. Jhs. kommen auf ihre Kosten. *Di–So 10 bis 18 Uhr, Hradčanské náměstí 15, Metro: Hradčanská (A)*

Nationalmuseum (Národní muzeum) **[116 B2]**

★ Alles, was das tschechische Herz höher schlagen lässt: In den Seitenflügeln befinden sich umfangreiche archäologische und naturwissenschaftliche Sammlungen, darunter die größte *Mineraliensammlung* Europas. Ebenso bemerkenswert: die *Bibliothek* (eine Million Bände) und die *Münzsammlung*. In der Mitte des um 1890 erbauten Museums ehrt ein zweistöckiges Pantheon verdiente Tschechen mit bronzenen Statuen (darunter den Erfinder der Schiffs-

Nationalmuseum am Wenzelsplatz

schraube, Josef Ressel). Vorbild für die Neorenaissancefassade war der Louvre in Paris. *Tgl. 10–18 (Mi bis 21) Uhr, Václavské náměstí 68, Metro: Muzeum (A, C)*

Panoptikum **[115 E1]**
1000 m² mit vornehmlich böhmischer Prominenz aus Wachs, die Spanne reicht von Kaiser Karl IV. bis hin zu Regisseur Miloš Forman. Ein vergnüglicher Gang durch die Geschichte. *Tgl. 10–20 Uhr, Národní třída 25, Metro: Národní třída (B)*

Polizeimuseum (Muzeum Policie ČR) **[116 B4]**
In einem Flügel des Karlovklosters zeigen die Ordnungshüter 08/15-Totschläger, 007-Trickwaffen sowie einen rekonstruierten Tatort, außerdem eine Wachstube aus dem Jahr 1928 und jede Menge Material aus dem aktuellen Alltag der tschechischen Polizei. *Di–So 10–17 Uhr, Ke Karlovu 1, Metro: I. P. Pavlova (C)*

Popmuseum (Muzeum a archiv populární hudby) **[114 C1]**
Geschichtsunterricht im Rock-'n'-Roll-Rhythmus: Statt Blasmusik und Karel Gott erwarten den Besucher sozialistische Gitarrennachbauten und Haftbefehle für regimekritische Liedermacher. Die »umstürzlerische Musik« war den Machthabern suspekt, wie auch die Geschichte der nahe dem Museum am Velkopřevorské-Platz stehenden Gedenkstätte für den 1980 ermordeten Musiker John Lennon, die *Lennon-Mauer,* zeigt. *Besední 3, Di–So 10–18 Uhr, Straßenbahnhaltestelle Újezd ab Metrostation Národní třída (B)* Insider Tipp

Postmuseum (Poštovní muzeum) **[112 C3]**
Der »Schwarze Penny« trifft den »Blauen Merkur« – das Postmuseum bietet zackige Exponate aus aller Welt. Schmerzhaft für Sammler: Hier wird weder getauscht, noch sind die Marken käuflich.

Aber immerhin begleiten weise Wärter gerne durch das Haus. *Di–So 9–17 Uhr, Nové mlýny 2, Metro: Náměstí Republiky (B)*

Sammlung der modernen Kunst (Sbírka moderního umění) **[113 D1]**

★ Wichtigstes Museum der Hauptstadt. Prunkstück ist die Kunstsammlung des 19. und 20. Jhs. mit 130 Gemälden und 50 Skulpturen, darunter Werke von Paul Cézanne, Marc Chagall, Paul Gauguin, Vincent van Gogh und Pablo Picasso. Vielleicht keine bahnbrechenden Arbeiten, aber insgesamt eine der umfangreichsten Kollektionen weltweit – ein beeindruckendes Spektrum! Früher war die Sammlung im Sternberg-Palais untergebracht, seit 1995 beherbergt sie der frühere Messepalast der Stadt. Der imposante Koloss war Mitte der 1920er-Jahre in einem rein funktionalistischen Stil gebaut worden. Auf mehr als 80 000 m² Ausstellungsfläche sind auch tschechische Meisterwerke zu sehen, etwa die konturstarken Zeichnungen von Josef Lada, Collagen von Jiří Kolář und Gemälde von Emil Filla. *Di–So 10–18 Uhr, Dukelských hrdinů 47, Straßenbahnhaltestelle Veletržní ab Metrostation Vltavská (C)*

Smetana-Museum (Muzeum Bedřicha Smetany) **[112 A5]**

Geeigneter Platz für den Komponisten der berühmten »Moldau«, Bedřich Smetana (1824–94): Das Museum ist direkt über dem Fluss angesiedelt und enthält Originalhandschriften und Korrespondenz des Begründers der tschechischen Nationalmusik. Daneben zeigt das mehrmals renovierte Haus das Klavier Smetanas und zahlreiche Kostüme aus seinen Opern (z. B. »Die verkaufte Braut«). Der sechsteilige sinfonische Zyklus »Mein Vaterland«, der »Die Moldau« enthält, entstand übrigens um 1874 – Smetana war da bereits fast taub. *Tgl. außer Di 10–17 Uhr, Novotného lávka, Metro: Staroměstská (A)*

Spielzeugmuseum (Muzeum hraček) **[110 C4]**

★ Jede Menge Plüsch und Blech zeigt die zweitgrößte Spielzeugsammlung der Welt und umspannt den Zeitraum vom antiken Griechenland bis heute. Zu sehen sind u. a. Musikboxen, Teddybären und allerlei Feuerwehrautos. *Tgl. 9.30–17 Uhr, Jiřska 6, Metro: Malostranská (A)*

Eine umfangreiche Sammlung ehemaliger Kinderträume aus aller Welt zeigt das Spielzeugmuseum

Sudek-Museum (Galerie Josefa Sudka) **[110 A4]** Insider Tipp

Reverenz für den einarmigen Fotografen Josef Sudek (1896–1976), eins der letzten Prager Originale. Seine Panoramabilder dokumentieren die Entwicklung der Hauptstadt, seine Arrangements beeinflussten viele europäische Fotografen. *Di–So 10–18 Uhr, Úvoz 24, Straßenbahnhaltestelle Malostranské náměstí ab Metrostation Malostranská (A)*

Technisches Museum (Národní technické muzeum) [111 F2]

★ Auf 6000 m^2 sind hier tollkühne Maschinen aus den Pionierzeiten der Dampfmaschine bis in die Neuzeit verteilt. Prunkstück ist der Dreiliter-Sportwagen Mercedes Benz W 154/163 – mit dem »Silberpfeil« gewann Rudolf Caraciola den letzten Großen Preis auf dem Nürburgring. Neben Flugzeugen und Fahrrädern bietet das 1941 eingerichtete Museum Lehrpfade über optische und akustische Wahrnehmung. Hier befindet sich auch die ständige Interkamera-Weltausstellung der Unesco mit 17 280 Exponaten aus 52 Ländern. Ohne Beispiel ist das fast 1 km lange Modell einer Kohlengrube unter dem Museum. *Di–So 9–17 Uhr, Kostelní 42, Straßenbahnhaltestelle Letenské náměstí ab Metrostation Vltavská (C)*

Insider Tipp

Tyrš-Sport-Museum (Tyršovo Muzeum tělesné výchovy a sportu) [114 C1]

Die ständige Ausstellung im Museum für Sport und Leibesübungen präsentiert Reliquien aus der Sportgeschichte des Landes, so zum Beispiel historische Skier, Bälle, Pokale und Plakate. Daneben lassen zeitlich befristete wechselnde Ausstellungen, die meist aktuellen Themen gewidmet sind, das Herz eines jeden Sportliebhabers höher schlagen. Zuletzt sorgte eine Sammlung südamerikanischer Fußballdevotionalien für einen regen Besucherandrang. *Do, Sa und So 9–17 Uhr, Újezd 450, Straßenbahnhaltestelle Hellichova ab Metrostation Národní třída (B)*

Verkehrsmuseum (Muzeum Městské Hromadné Dopravy) [110 C3]

Das Prager Verkehrsmuseum bietet seinen Besuchern eine reichhaltige Auswahl an historischen Fahrzeugen, zum Beispiel die Wagen einer Pferdebahn von 1886. Dazu kommen Kuriositäten und Kleinigkeiten aus 120-jähriger Betriebsgeschichte, wie antiquarische Fahrpläne und Fahrzeugmodelle. *Sa/So 9–17 Uhr, Patočkova 4, Straßenbahnhaltestelle Brusnice ab Metrostation Malostranská (A)*

Völkerkundemuseum (Naprstkovo Muzeum) [111 E5]

Hier erhalten Sie einen Einblick in die asiatische, afrikanische und amerikanische Ethnografie. Ständige Expositionen sind den Kulturen Australiens und Ozeaniens sowie denen der Indianer Nord- und Südamerikas gewidmet. *Di–So 9 bis 17.30 Uhr, Betlémské náměstí 1, Metro: Národní třída (B)*

Wachsfigurenmuseum (Muzeum voskových figurín) [112 C5]

Kafka, Castro, Karel Gott: Insgesamt rund fünfzig mehr oder weniger berühmte, in manchen Fällen auch berüchtigte Persönlichkeiten der tschechischen, aber auch der internationalen Geschichte sind hier in vier Sälen ausgestellt. *Tgl. 10–20 Uhr, Ulice 28. října 13, Metro: Můstek (A, B)*

Deftig böhmisch oder international

Kein kulinarisches Paradies, aber mehr als Knödel – in Prag ist Kreativität oft der größte Küchenmeister. Und dann gibt es ja noch Weinstuben und Kneipen

Zwar haben die Spezialitäten der Welt längst in der Goldenen Stadt Einzug gehalten, doch sehen sich viele Restaurants als ewige Bastion der böhmischen Küche: An der Moldau wird meist deftig gegessen. Die Prager sind mit Fleisch, Knödeln und Krautbeilage *(vepřoknedlozelo)* oder dem Lendenbraten *(svíčkova)* immer noch zufrieden. Man muss ein wenig suchen und ein wenig mehr bezahlen, wenn man frischen Salat oder Gemüse auf den Teller bekommen will. Als Nachtisch empfiehlt sich auf jeden Fall ein Palatschinken mit süßer Füllung. Wer sicher gehen will, sollte rechtzeitig reservieren und möglichst bis 20 Uhr das Menü bestellen – in Prag schließen die Küchen früh. Prager Bierexperten schwören, dass die Kneipenbesitzer im Zentrum zwar die Zapfleitungen sauber halten, dafür aber in den Spelunken der Vorstadt der Gerstensaft besser schmeckt. »Die Krone macht das Bier«, sagt man hier und macht den Test: Bleibt eine 20-Heller-Münze auf dem Schaum liegen, versteht der Wirt sein Handwerk. »Wo andere Städte Grundwasser haben, hat Prag Bier«, bemerkte einmal der Schriftsteller Bohumil Hrabal. Tatsächlich drehen sich in der Hauptstadt viele Gespräche um die Frage, welcher Brauerei man den Vorzug gibt. Grundsätzlich entscheidet die Stammwürze (nicht zu verwechseln mit dem Alkoholgehalt) über den Geschmack: Zehngradiges Bier ähnelt dem Pils, zwölfgradiges ist herb und mancherorts stark wie Bockbier. Die Bedienungen in Prager Kneipen sind von der Qualität ihres Ausschanks übrigens so überzeugt, dass sie in den meisten Fällen die Gäste gar nicht fragen – sie stellen einfach einen neuen halben Liter hin, wenn der alte zur Neige zu gehen droht. Gibt es ein größeres Kompliment?

Kleine Pause im Kaffeehaus

Restaurant im Repräsentationshaus

BISTRO

Chez Marcel **[112 C3]**
Gemütliches Bistro in der Altstadt – die französisch-tschechische Liaison funktionierte ja schon bei Surrealisten und Poeten. Besonders empfehlenswert sind die Salate und Croissants – und natürlich der Pastis. *Tgl. 8–2 Uhr, Haštalská 12, Tel. 231 56 76, Metro: Náměstí Republiky (B)*

CAFÉS

Bertramka **[114 C4]**
Der berühmteste Gast hieß Mozart, und der war eigentlich zum Genießen hier. Aber die schöne Gastgeberin Josefina Dušková war verheiratet, und ihr Mann Xaver ein Freund Mozarts. So biss das Genie in den sauren Apfel und schrieb in der Bertramka die Ouvertüre zu »Don Giovanni«, statt sich fleischlichen Gelüsten hinzugeben. *Tgl. 10–19 Uhr, Mozartova, Metro: Anděl (B)*

Café Obecní dům **[112 C4]**
In dem wunderschönen Café des Repräsentationshauses – oder bei schönem Wetter draußen – sitzt der Prager Snob neben dem Pauschaltouristen und das Liebespaar neben dem Rentner. Besonders empfehlenswert ist die Kühltheke mit ihrem paradiesischen Kuchenangebot. *Tgl. 7.30 bis 23 Uhr, náměsti Republiky 1, Metro: Náměstí Republiky (B)*

Evropa **[112 C5]**
Märchenhaftes Jugendstilcafé im gleichnamigen Grand Hotel mit Lüstern und Klaviermusik. Manchmal träumen allerdings nicht nur die Gäste, sondern auch die schläfrigen Kellner. Die Besucherliste des Hauses reicht von Václav Havel bis zu bulgarischen Mafiapaten, eine Terrasse ist auch vorhanden. *Tgl. 7 bis 24 Uhr, Václavské náměstí 29, Metro: Můstek (A, B)*

Louvre **[115 E2]**
Das einst als »Kontakthof« verrufende Art-déco-Café hat in den vergangenen Jahren deutlich an Niveau gewonnen. Wenn die Frühschicht in Form ist, schmeckt das Frühstück weltmeisterlich. Für Verdruss sorgt gelegentlich der Geräuschpegel, denn bei Besucherandrang wirkt der große Hauptraum wie ein Schalltrichter. *Tgl. 8–23 Uhr, Národní třída 20, Metro: Národní třída (B)*

Insider Tipp

Malostranská kavárna **[110 C4]**
Insider Tipp
In dem Prager Kaffeehaus-Urgestein begann 2001 ein umfangreicher Umbau, wobei im Keller die Einrichtung einer Weinstube in Angriff genommen wurde. Prager und Touristen schätzten in den vergangenen Jahren vor allem die Terrasse und das Kuchenangebot. *Tgl. 12–23 Uhr, Malostranské náměstí 28, Straßenbahnhaltestelle Malostranské náměstí ab Metrostation Malostranská (A)*

Milena **[112 B4]**
Benannt nach einer Freundin Franz Kafkas, der Journalistin Milena Jesenská, geschmackvoll eingerichtet, lädt zum Zeitunglesen ein. Unschlagbar ist ein Platz am Fenster: Zur vollen Stunde rollen die Apostel der Astronomischen Uhr fast greifbar vorbei. *Tgl. 10–22 Uhr, Staroměstské náměstí 22, Metro: Můstek (A, B)*

MARCO POLO Highlights »Essen & Trinken«

★ **Eastwest**
Zu Gast im Restaurant des Präsidentenbruders Ivan Havel (Seite 55)

★ **Slavia**
Kaffeehausatmosphäre mit Aussicht (Seite 51)

★ **Letenská zámeček**
Schlösschen mit Biergarten, Restaurant und traumhaftem Blick vom Moldauhügel (Seite 55)

★ **Nebozízek**
Gaumenlegende im Schatten des Prager Eiffelturms, erreichbar per Seilbahn (Seite 52)

★ **Palffy Palác**
Paradies für romantische Feinschmecker (Seite 52)

★ **Tower Praha**
Spektakulärer Turm, spektakulärer Blick (Seite 55)

Arco **[113 F2]**
Nach Jahrzehnten als Spielcenter und Nachtasyl wurde die Legende der 1920er-Jahre vom Innenministerium gekauft und 2001 als Teil der Polizeikantine (!) völlig renoviert eröffnet. Hier traf sich einst der berühmte »Prager Kreis« deutschsprachiger Autoren. *Mo–Fr 15–21.30, Sa/So 10–21.30 Uhr, Ecke Hybernská/Dlážděná, Metro: Náměstí Republiky (B)*

Slavia **[112 A5]**
★ Genießen Sie den traumhaften Blick auf Moldau, Burg und Karlsbrücke. Nach der Wiedereröffnung 1997 haben viele das neue Chromkleid des legendären Traditionscafés nicht akzeptiert. Faustregel: Wer am Fenster sitzt, tut es nicht wegen der Aussicht, sondern will in erster Linie gesehen werden. *Tgl. 8–24 Uhr, Národní třída 1, Straßenbahnhaltestelle Národní divadlo ab Metrostation Národní třída (B)*

EISDIELEN

Mida Gelati **[112 C5]**
Zwar ist der italienische Name so falsch wie die sowjetischen Armeemützen, die vor der Tür verkauft werden, aber das stört nicht wirklich. *Tgl. 9–23 Uhr, Václavské náměstí 29, Metro: Můstek (A, B)*

Světozor **[112 C5]**
In dem von der Prager Jugend geschätzten Eissalon gehts zu wie in einem Taubenschlag. Von dem modernen Laden in einer Passage am Wenzelsplatz kann man mit der Eistüte bequem in den gemütlichen Franziskanergarten spazieren. *Tgl. 9–22 Uhr, Vodičkova 39, Metro: Můstek (A, B)*

RESTAURANTS €€€

Casablanca **[112 C5]**
Dattelplätzchen zwischen Wasserpfeife und Kamelhaardecken – hier findet der Marokko-Urlauber, was

Seit über 100 Jahren treffen sich im Café Slavia Künstler und Poeten

er in Agadir vergeblich suchte. Und vielleicht ist das der Beginn einer wunderbaren Freundschaft mit der nordafrikanischen Küche. *Tgl. 19 bis 0.30 Uhr, Na příkopě 10, Tel. 24 21 05 19, Metro: Můstek (A, B)*

Circle Line **[110 C4]**
Das Nobelrestaurant auf der Kleinseite gewann dank seiner vorzüglichen Köche drei von vier Positionen im renommierten Restaurantführer »Czipin Guide«. *Tgl. 11–23 Uhr, Malostranské náměstí 12, Tel. 57 53 00 23, Straßenbahnhaltestelle Malostranské náměstí ab Metrostation Malostranská (A)*

Dolly Bell **[115 E5]**
Hier bekommen Sie kulinarisches aus den Schluchten des Balkan. Der Name stammt vom bosnischen Regisseur Emir Kusturica, der hier mit seinem Stab nach Dreharbeiten feierte. Auf der großen Tafel an der Wand steht übrigens: »Nicht über Politik sprechen!« *Tgl. 11–0.30 Uhr, Neklanova 20, Tel. 29 88 15, Metro: Karlovo náměstí (B)*

Nebozízek (Bohrer) **[114 B1]**
★ Das Delikatessenlokal liegt neben der Zahnradbahn zum Petřín-Hügel. Terrasse mit traumhafter Sicht. *Tgl. 11–23 Uhr, Petřínské sady 411, Tel. 53 79 05, Drahtseilbahn ab Straßenbahnstation Újezd (z. B. von Metrostation Národní třída, Linie B)*

Palffy Palác **[110 C4]**
★ Kerzenlicht, Klaviermusik und taktvolle Kellner – dies ist der richtige Ort für ein intimes Abendessen zu zweit. Reservieren nicht vergessen! *Tgl. 18–1 Uhr, Valdštejnská 14, Tel. 57 32 05 70, Metro: Malostranská (A)*

La Provence **[112 C4]**
Leben wie Karel Gott in Frankreich: Eine pralle Speisekarte mit Krevet-

ten, Käse und Entenbrust zeugt von der Fruchtbarkeit der Mittelmeerregion. Unter den Besuchern überwiegt der Ausländeranteil deutlich. *Tgl. 12–1 Uhr, Štupartská 9, Tel. 232 48 01, Metro: Náměstí Republiky (B)*

U modré kachničky (Zum blauen Entchen) **[114 C1]**
So viele internationale Spezialitäten gab es vor 1989 in ganz Prag nicht. Kohl war auch darunter: der frühere Bundeskanzler dinierte hier mit Präsident Havel. *Tgl. 12–15 und 18.30–23 Uhr, Nebodvidská 6, Tel. 57 32 03 08, Straßenbahnhaltestelle Hellichova ab Metrostation Malostranská (A)*

U zlaté hrušky (Zur goldenen Birne) **[110 A4]**
Luxusrestaurant hinter der Burg mit gemütlichem Gartenbetrieb (Terrasse). *Tgl. 11–23.30 Uhr, Nový svět 3, Tel. 20 51 47 78, Straßenbahnhaltestelle Pohořelec ab Metrostation Malostranská (A)*

RESTAURANTS €€

Amadé **[112 B3]** Insider Tipp
Die richtige Schule für eine schmackhafte Lektion in Landeskunde: Das unscheinbare Lokal bietet böhmisches Essen und mährische Weine in großer Auswahl. Die Kneipe im Erdgeschoss und das Restaurant im Keller sind zwar etwas kühl eingerichtet, ein heißer Tipp in Sachen tschechische Spezialitäten bleibt das Amadé jedoch zweifelsohne. *Mo–Sa 12–23 Uhr, U milosrdných 10, Tel. 231 88 67, Metro: Staroměstská (A)*

Ambiente **[117 D2]**
Alles, was die italienische Küche an Teigwaren hergibt – das Motto lautet »Essen und gesehen werden«. Die Szene streitet ständig, ob das Lokal gerade in oder out ist. Wer nicht reserviert, hat viel Zeit, im Stehen darüber nachzudenken. *Mo–Fr 11–24, Sa/So 16–24 Uhr, Mánesova 59, Tel. 627 59 13, Metro: Jiřího z Poděbrad (A)*

Manchmal trügt der Schein

Kein Gast sollte sich fehlerhafte Rechnungen gefallen lassen

Gern wird das Wort von der »Goldenen Stadt« im Mund geführt – oft handelt es sich dabei um Katzengold. »Altböhmische Restaurants« sind manchmal Fassade, und andernorts kann der Koch nicht halten, was die Speisekarte verspricht. Verschwiegen werden soll nicht, dass mancher Zahlkellner betrügerisch das Datum zur Summe addiert. Natürlich kann jeder Küchenchef einen schlechten Tag haben und jede Bedienung den Gast wegen mangelnder Sprachkenntnisse missverstehen. Ebenso hat aber jeder Gast ein Recht auf Klarstellung, wenn das Essen schlecht oder die Rechnung undurchsichtig ist.

Prager Spezialitäten

Lassen Sie sich diese Köstlichkeiten gut schmecken!

Speisen

Eierpfannkuchen (Palačinka) – schmecken leicht, sind aber schwer zu machen. Sie ähneln Crêpes und sind mit Marmelade, Quark oder Speiseeis gefüllt

Fisch (Ryba) – ist an der Moldau meist gleichzusetzen mit der traditionellen böhmischen Weihnachtsspeise, dem Karpfen *(Kapr)*, der oft mit Mandeln, Lebkuchen und Zimt gewürzt wird

Kartoffelsuppe (Bramborová polévka) – enthält neben Kartoffeln viele Pilze – mit frischem Brot ein himmlischer Genuss!

Knödel (knedlík) – werden meist aus altbackenen Semmeln mit Mehl, Salz, Butter, Eiern und Milch gemacht und zu Fleisch, Wild und Geflügel gereicht

Kuttelflecksuppe (Drštková polévka) – hat sich nach feucht-fröhlichen Nächten als Katerkiller bewährt. Etwas dickflüssig, besteht sie aus etwa 600 g geschabtem Rindermagen (Kuttelflecken) und ist meist mit Majoran, Paprika und Knoblauch gewürzt – eine authentische Spezialität des Landes

Rinderlende (Svíčkova) – bevorzugt als Feiertagsessen. Auf dem mageren Fleisch thront oft ein Sahnehäubchen zur Verfeinerung

Rouladen (Španělský ptáček) – stammen aus Mähren, sind aber auch in der »Hauptstadt Böhmens« beliebt. Das Schweineschulterfleisch wird meist lecker mit K.u.K (Kümmel und Knoblauch) angemacht

Zwetschkenknödel (Švestkovy knedlík) – werden am Ende der Zubereitung in Semmelbrösel gerollt und in einer Schüssel, mit Zucker und Zimt bestreut, serviert

Getränke

Becherovka – Nicht nur in Böhmen in aller Munde ist der aus

Karlsbad *(Karlovy Vary)* stammende, milde Kräuterlikör. Er hat einen guten Ruf und eignet sich auch als Reisemitbringsel

Kaffee – wird in Tschechien meist aufgebrüht (türkisch) serviert, also mit Satz

Pflaumenschnaps (Slivovice) und **Wacholderbranntwein (Borovička)** – sind als scharfes Dessert auch in Prag beliebt

Eastwest [112 C6]

★ Wer das mittlerweile geschlossene Restaurant Černý kůň des Präsidentenbruders Ivan Havel schätzte, wird auch hier zufrieden sein. Allerdings präsentiert der Systemtheoretiker in seinem neuen Lokal statt gutbürgerlicher Küche vorwiegend Salate, vegetarische Küche und ein exzellentes Frühstück. *Mo–Fr 8–1, Sa/So 11–1 Uhr, Štěpánská 61, Tel. 24 21 26 59, Metro Můstek (A, B)*

U zlatého helmu [112 C3]

Das Restaurant mit angenehmer Atmosphäre und fachkundiger Bedienung befindet sich nur einen Steinwurf von der Karlsbrücke entfernt in einem Kellergewölbe. *Tgl. 11–23 Uhr, Maltézské náměstí 4, Tel. 55 10 24, Straßenbahnhaltestelle Hellichova ab Metrostation Malostranská (A)*

Letenská zámeček (Letná-Schlösschen) [112 C2]

★ Im Schlösschen auf dem Moldauhügel kommen beide auf ihre Rechnung: im unteren Restaurant der Gourmand, in der Feinschmeckerabteilung oben der Gourmet. Im Sommer ragt ein lauschiger Biergarten in den Letná-Park, der sich auch im Winter zum Verdauungsspaziergang eignet. *Tgl. 10 bis 24 Uhr, Letenské sady, Tel. 37 12 06, Straßenbahnhaltestelle Kamenická ab Metrostation Vltavská (C)*

Pelikan [112 C5]

Das tschechische Restaurant über der Touristenmeile ist für viele Prager so etwas wie der letzte Fluchtpunkt am Wenzelsplatz. *Tgl. 11 bis 23.30 Uhr, Na příkopě 7, Tel. 24 21 06 97, Metro: Můstek (A, B)*

Anziehungspunkt auf der Letnáebene: der Hanavský-Pavillon

Pizzeria Rugantino [112 B4]

Hier gibt es viel Platz für Raucher und Nichtraucher, für Weinfreunde und Biertrinker. Schneller und freundlicher Service. Gelegentlich sorgt eine italienische Touristengruppe marktschreierisch für neapolitanisches Ambiente. *Mo–Sa 11–23 Uhr, So 18–23 Uhr, Dušní 4, Tel. 231 81 72, Metro: Staroměstská (A)*

Tower Praha [117 E2]

★ Wie wäre es heute mit »Tintenfisch Akropolis« in 60 m Höhe? Vielen Besuchern des Tower Praha reicht allerdings schon eine Tasse aufgebrühter Kaffee, um den Augenschmaus vom Fernsehturm zu genießen – vielleicht der schöns-

Gourmettempel in Prag

Bellevue **[112 A5]**
Die Aussicht auf Burg, Moldau und Karlsbrücke konkurriert mit dem schönen Anblick auf dem Teller. Stammgäste loben die internationale Küche, beim einheimischen Essen hat das Lokal angeblich noch Reserven. Hauptgericht ab 30 Euro. *Tgl. 11–23 Uhr, Smetanovo nábřeží 18, Tel. 235 95 99, Metro: Národní třída (B)*

Kampa Park **[111 D5]**
In einer Umfrage nannten die Leser der »Prague Post« das Restaurant als einen der besten Plätze für Geschäftsessen. Das Ambiente ist nüchtern, ganz anders als die Speisekarte. Hauptgericht ab 29 Euro, *Tgl. 11.30 bis 23.30 Uhr, Na kampě 8 b, Tel. 53 30 71, Metro: Malostranská (A)*

Parnas **[112 A5]**
Gleich neben dem Café Slavia und auch mit schönem Moldaublick. Die Einrichtung ist konservativ edel, aber geschmackvoll. Hauptgericht ab 29 Euro. *Tgl. 12 bis 15 und 18–24 Uhr, Smetanovo nábřeží 2, Tel. 24 21 19 01, Metro: Národní třída (B)*

Reykjavík **[112 B4]**
Ein Stück Island inmitten der hektischen Fußgängerzone. Die Mehrzahl der Schuppentiere wird übrigens von der Insel eingeflogen. Hauptgericht ab 31 Euro. *Tgl. 11–23 Uhr, Karlova 20, Tel. 22 22 12 18, Metro: Staroměstská (A)*

U malířù (Zu den Malern) **[110 C5]**
Benannt nach dem Maler Jan Šic, der 1583 mangels Erfolg seine Profession änderte und im Haus eine Wirtschaft eröffnete. Heute nach Meinung vieler das erste Haus am Platze. Hauptgericht ab 33 Euro. *Tgl. 11–15 und 18 bis 23 Uhr, Maltézské náměstí 10, Tel. 53 18 83, Metro: Malostranská (A)*

U mecenáše (Zum Mäzen) **[110 C4]**
Die exzellente Küche mit guten Wildspeisen sorgt für volle Reservierungslisten. Nur ein kleiner Tisch bleibt öfter leer – hier soll sich der Überlieferung nach zu Beginn des 17. Jhs. der Henker von Prag gestärkt haben, bevor er zur Tat schritt. Hauptgericht ab 31 Euro. *Tgl. 12–23.30 Uhr, Malostranské náměstí 10, Tel. 53 38 81, Metro: Malostranská (A)*

U tří pštrosù (Zu den drei Straußen) **[110 C5]**
Das Haus eines ehemaligen Federschmuckhändlers (daher der Name) hat die unterschiedlichsten Gäste gesehen: Im Dreißigjährigen Krieg belagerten hier die Schweden die Karlsbrücke, später lobte US-Schauspielerin Barbara Streisand während der Dreharbeiten zu »Jentl« die böhmische Küche. Hauptgericht ab 32 Euro. *Tgl. 11–15 und 18–23 Uhr, Dražického náměstí 6, Tel. 53 60 07, Metro: Malostranská (A)*

te Blick über die Goldene Stadt. *Tgl. 11–23 Uhr, Mahlerovy sady 1, Tel. 67 00 57 66, Metro: Jiřího z Poděbrad (A)*

RESTAURANTS €

Bar Bar **[114 C1]**
Gefüllte Pfannkuchen, überfüllte Kneipe: Der Inhaber nennt es »das ultimative Lokal«, und kann ein ständig voller Schankraum täuschen? Viele kommen nur wegen der Crêpes – die sind tatsächlich »ultimativ«. *Mo–Fr 11–24 Uhr, Sa/So 12–24 Uhr, Všehrdova 17, Tel. 53 29 41, Straßenbahnhaltestelle Újezd ab Metrostation Národní třída (B)*

Bohemia Bagel **[114 C2]**
Hier bekommen Sie das gelochte amerikanische Brötchen frisch aus dem Ofen. Punktabzug für die Einrichtung, eine Mischung aus Stehcafé und Bushaltestelle – aber es gibt ja glücklicherweise noch die Terrasse. *Tgl. 10–22 Uhr, Újezd 16, Tel. 53 10 02, Straßenbahnhaltestelle Újezd ab Metrostation Národní třída (B)*

Plzeňká **[113 D3]**
Das saubere, bei Einheimischen sehr beliebte Lokal bietet deftige böhmische Speisen (darunter auch einige vegetarische) und Pilsener Bier vom Fass. *Tgl. 10–22 Uhr, Truhlářská 23, Tel. 22 31 88 90, Metro: Náměstí Republiky (B)*

U bakaláře (Beim Stadtschreiber) **[112 C4]**
Der Studententreffpunkt mit seiner legendären Auswahl an belegten Broten *(chlebičky)* ist vor allem etwas für den kleinen Hunger zwischendurch. Besonders empfehlenswert sind hier übrigens die frischen Fisch- und Knoblauchschnitten. *Mo–Fr 8.30–19 Uhr, Sa/So 13 bis 19 Uhr, Celetná 13, Tel. 24 81 18 70, Metro: Náměstí Republiky (B)*

U Dragouna **[0]** Insider Tipp
Geheimtipp hinter der Burg: Das Ecklokal hat ein reichhaltiges Angebot frischer Mahlzeiten in sympathisch großen Portionen und bietet auch für Gruppen genügend Platz. Empfehlenswert sind auch die Suppen. *Tgl. 11–23 Uhr, Parléřova 5, Tel. 20 51 12 82, Straßenbahnhaltestelle Malovanka ab Metrostation Malostranská (A)*

U Tadeáše **[112 C4]**
Gemütliches Restaurant mit bunten Bleiglasscheiben und freundlichem Personal. Reichhaltige Weinliste und umfangreiche Speisekarte mit eher mährischen Gerichten. *Mo–Sa 11–23 Uhr, Truhlářská 4, Tel. 22 31 03 81, Metro: Náměstí Republiky (B)*

Freunde der bömisch-mährischen Küche kommen auf ihre Kosten

Glas ist nicht alles

Bücher, Bier und bunte Sachen: Lassen Sie Platz im Koffer – es gibt viel mitzubringen aus Böhmens Hauptstadt

Typische Prager Souvenirs, so lästerte eine Zeitung einmal, das seien Oblaten aus Karlsbad, Bier aus Pilsen und polnisches Geld, das man beim Schwarztauschen bekomme. Tatsächlich stellt sich die Frage, was »typisch Prag« ist. Die Verkaufsschlager sind jedenfalls Kristall und Holzspielzeug. Preis und Qualität differieren jedoch gewaltig, oft innerhalb derselben Straße. Die vielleicht schönsten Marionetten findet man auf dem Havelmarkt (Havelské trh), der bekannteste Glashersteller Tschechiens ist Moser. Prag hat aber viel mehr Dinge zu bieten, für die die Stadt nicht unbedingt bekannt ist. Beispielsweise sind die meisten Antiquariate der Stadt exzellent bestückt. Manchem Besucher ist hier schon ein kostbares Schnäppchen gelungen. Auch Tonträger mit klassischen Werken, die von heimischen Orchestern aufgenommen wurden, sind äußerst empfehlenswert. Die Ausbildung der Musiker ist in kommunistischen Zeiten sehr ernst genommen worden, denn mit ihren Tourneen erspielten sie dem Regime wichtige Devisen. Die größte Auswahl an Geschäften finden Sie rund um das »Goldene Kreuz«. Dieser Begriff bezeichnet das Viertel um den *Wenzelsplatz* und die Straßen *Na příkopě, 28. října* und *Národní třída*. In den vergangenen Jahren haben sich jedoch auch zwischen dem *Altstädter Ring* und der *Karlsbrücke* sowie in der *Celetná-Gasse* zahlreiche bemerkenswerte Geschäfte etabliert. Sehr elegant hat sich die *Pařížská-Straße* herausgeputzt, in der jetzt die Filialen internationaler Gesellschaften sitzen. Auch zahlreiche Schmuck- und Antiquitätengeschäfte bieten hier ihre Waren an. Fragen Sie bei Interesse unbedingt nach einer Ausfuhrgenehmigung.

Artikel aus Glas gibt's in Prag in vielen Geschäften

ANTIQUARIATE

Antikvariát Křenek **[112 C4]**
Klein, aber fein: Der Laden hinter dem Pulverturm hält neben deutschsprachigen Büchern auch rare Übersetzungen deutscher Autoren ins Tschechische feil. Außerdem: große Auswahl alter Stiche sowie nette und kompetente Bedienung. *Celetná 31, Metro: Náměstí Republiky (B)*

Antikvariát Pařížská **[112 B4]**
Bei deutschen Büchern ist der Laden immer für kostengünstige Überraschungen gut. Waschkörbe-

weise vorhanden sind historische Postkarten. Außerdem gibt es ein großes Angebot an Landkarten und Grafiken. *Pařížská 8, Metro: Staroměstská (A)*

BÜCHER

Dům knihy (Haus der Bücher) **[112 C5]**
★ Vier Stockwerke, angefüllt mit Büchern – der literarische Leuchtturm am Wenzelsplatz wurde erst im Herbst 1998 eröffnet. Bemerkenswerte Abteilung zu Fotografie und Architektur, und auch einige Pragensia sind hier zu entdecken. *Václavske náměstí 4, Metro: Muzeum (A, C)*

Jan Kanzelsberger **[112 C5]**
Das gut sortierte Haus bietet tschechische Kinderbücher in deutscher Übersetzung, deutsche Taschenbuch-Neuerscheinungen und jede Menge Pragensia. In erster Linie ist »der Kanzelsberger« aber eine bedeutende tschechische Buchhandlung. *Václavske náměstí 42, Metro: Muzeum (A, C)*

Insider Tipp
U Knihomola (Beim Bücherwurm) **[117 D2]**
Ein Buchladen? Ein Bistro? Eine Legende! Die Bücherkiste von Weltbürger Alexander Mehdevi enthält kaum Bestseller, dafür zahlreiche echte Schmöker – über 16 000 Titel in zwanzig Sprachen. Die Palette reicht von Salman Rushdie bis Tim und Struppi. Und im Bistro von Tee bis Wodka. *Mánesova 79, Metro: Jiřího z Poděbrad (A)*

Viele Schaufensterauslagen animieren zum Eintreten

Vitalis **[111 D4]**
Größtes Angebot deutschsprachiger Bücher in und über Prag, einige davon sind im Selbstverlag erschienen. *U lužického semináře 19, Metro: Malostranská (A)*

CDs & SCHALLPLATTEN

Bontonland **[116 A1]**
★ Internationales Sortiment – einer der größten CD-Läden Europas. *Václavské náměstí 1, Metro: Můstek (A, B)*

Classic Music Distribution **[0]**
Hier finden Sie wahrscheinlich die breiteste Palette an klassischer Musik in Prag. Neben den gängigen Titeln sind auch eher unbekannte Einspielungen im Angebot. *Biskupcova 26, Straßenbahnhaltestelle Biskupcova ab Metrostation Hlávní Nádraží (C)*

Insider Tipp
Pohodlí **[112 C3]**
Sie sind auf der Suche nach Musik aus Aserbaidschan, dem Jemen oder Taiwan? Alles kein Problem für den winzigen Laden hinter dem Kaufhaus Kotva. In dem vollgestopften Raum kaufte schon Hanna Schygulla während der Drehpausen Klezmer-CDs. *Benediktská 7, Metro: Náměstí Republiky (B)*

Popron **[112 C5]**
Vorrangig Werke tschechischer Künstler werden hier angeboten, daneben aber auch einiges an euro-

MARCO POLO Highlights »Einkaufen«

★ **Havelske trh**
Einer der ältesten Wochenmärkte der Stadt (Seite 63)

★ **Holzspielzeug**
Qualität lässt Herzen höher schlagen (Seite 62)

★ **Bat'a**
Die berühmten Lederschuhe direkt aus dem Stammhaus (Seite 64)

★ **Dům knihy**
Literarischer Leuchtturm am Wenzelsplatz (Seite 60)

★ **Galerie MXM**
Renommierte Kunst aus Profihand (Seite 62)

★ **Bontonland**
Hier gibt es alles von Abba bis Zappa auf CD und MC (Seite 60)

päischer Musik. *Jungmannova 30, Metro: Můstek (A, B)*

Supraphon **[112 C6]**
Tschechische und internationale Künstler, auch Klassik. *Palackého 1, Metro: Karlovo náměstí (B)*

DELIKATESSEN

Jan Paukert **[112 B5]**
Der Laden im Zentrum bietet eine reichhaltige Auswahl an frischen Spezialitäten und internationalen Weinen. *Národní třída 17, Metro: Národní třída (B)*

Paris Praha **[116 B1]**
Der Name ist Programm: Das kleine Geschäft in einer Seitenstraße des Wenzelsplatzes führt vorwiegend französische Delikatessen. *Jindřišská 7, Metro: Můstek (A, B)*

Zemark **[116 A1]**
Mit seinen Alkoholika vielleicht etwas zu sehr auf den Touristengeschmack abgestimmt, aber sonst eine breite Palette an Leckereien. *Václavské náměstí 42, Metro: Museum (C)*

Zláty Kříž **[116 A1]**
Ein beliebter Laden: Diplomatengattinnen kaufen hier fürs Dinner, Bauarbeiter fürs Mittagessen und Schüler fürs Pausenbrot. *Jungmannovo náměstí 19, Metro: Můstek (A, B)*

GALERIEN

Galerie Chodovská tvrz **[0]** Insider Tipp
Der Trip in die Vorstadt lohnt sich: Trotz zahlreicher Ausstellungserfolge ist der »Turm von Chodov« immer noch ein Geheimtipp für zeitgenössische tschechische Kunst. *Ledvinova 9, Metro: Opatov (C)*

Galerie Miro **[110 A5]**
In dieser ehemaligen Kapelle werden sowohl Werke internationaler Koryphäen wie Salvador Dali, als auch Bilder von Hobbykünstlern wie Karel Gott oder Ron Wood ausgestellt. Gelegentlich kommerziell, aber nie langweilig! *Strahovské*

nádvoří 1, Straßenbahnhaltestelle Pohořelec ab Metrostation Malostranská (A)

Galerie MXM **[114 C1]**
★ International renommiertes Haus mit festem Bestand europäischer Künstler. *Nosticova 6, Straßenbahnhaltestelle Hellichova ab Metrostation Malostranská (A)*

Galerie Nová síň **[115 E2]**
Der »Neue Saal« entwickelte sich in den vergangenen Jahren mehr und mehr zur Bühne der tschechischen Avantgarde. *Voršilská 3, Metro: Národní třída (B)*

Galerie Václava Špály **[112 B5]**
Wechselnde Ausstellungen, bevorzugt europäische Avantgarde. Gelegentlich Installationen auf hohem Niveau. *Národní třída 30, Metro: Národní třída (B)*

Galerie Jiří Švestka **[113 D4]**
Der sympathische Händler hat ein Faible für neue Kunst vom Alten Kontinent – und ein Händchen dafür. Die Galerie ist auf dem besten Weg, eine wichtige Drehscheibe in Ostmitteleuropa zu werden. *Jungmannová 30, Metro: Můstek (A, B)*

Galerie Vltavin **[112 A6]**
Gemälde und Skulpturen tschechischer Klassiker (z. B. Josef Lada). *Masarykovo nábřeží, Metro: Národní třída (B)*

GLAS & KERAMIK

Dana Bohemia **[112 B5]**
Überwältigende und exklusive Auswahl – kann man aus Glas mehr machen? *Národní třída 43, Metro: Národní třída (B)*

Jafa **[112 B4]** Insider Tipp
Reichhaltiges Sortiment an Bleikristall, vereinzelt mit jüdischen Symbolen. *Maislova 15, Metro: Staroměstská (A)*

Moser **[112 C5]**
Filiale der westböhmischen Glas- und Keramikdynastie. Hat auch zweite Wahl für den nächsten Polterabend im Angebot. *Na příkopě 12, Metro: Můstek (A, B)*

HOLZSPIELZEUG & MARIONETTEN

Dřevěné hračký (Holzspielzeug) **[112 B4]**
★ Von der Lokomotive bis zum Bauklotz alles für Kinderherzen. *Husova 12, Metro: Můstek (A, B)*

Marionetten sind einer der Verkaufsschlager in Prag

Hand made (Handgefertigt) **[110 B4]**
Edle Unikate (Marionetten, Holzfiguren, Mobiles) eher für erwachsene Sammler. *Nerudova 31, Metro: Malostranská (A)*

Pohádka (Märchen) **[113 D2]** Insider Tipp
Tschechische Legenden, ganz handzahm: Im Geschäft von Jiří Kopecký gibt es den Soldaten Schwejk aus

Filz, den Maulwurf aus der »Sendung mit der Maus« als Handpuppe, den Kater Mikesch als Marionette und vieles mehr. *Celetná 32, Metro: Náměstí Republiky (B)*

KAUFHÄUSER

Centrum Černý Most [0]
Der Megakonsumtempel entstand am Rande der Stadt auf grüner Wiese und ist bequem mit einer neuen U-Bahn-Linie erreichbar. Der Name kommt vom Stadtteil. *Chlumecká 765, Metro: Černý Most (B)*

Kotva (Anker) [112 C4]
»In New York und im Kotva bekommst du alles«, sagt ein Freund. Er hat Recht. Besonders empfehlenswert für Nostalgiker: die Videokassetten mit den unsterblichen Helden der Kindheit (Pan Tau, Lolek und Bolek, Arabella). *Náměstí Republiky 8, Metro: Náměstí Republiky (B)*

Krone [112 C5]
Besonders nett ist das kleine Bistro im Erdgeschoss. Mit ihrem Angebot zollt die »Krone« ihrem Sitz am Wenzelsplatz Tribut – es gibt vom Krimsekt bis zur Postkarte nahezu alles, was der Pragtourist begehrt. *Václavské náměstí 21, Metro: Můstek (A, B)*

Myslbek [112 C4]
Die moderne Shopping-Mall wurde 1997 eröffnet. In dem provokanten Stahl-Glas-Beton-Bau befinden sich zahlreiche Markenläden. *Na příkopě 19, Metro: Můstek (A, B)*

Prior [0]
Letzte Filiale der ehemaligen ČSSR-Kette. Eine Mischung aus Nostalgie und Neuzeit. *Budějovická 64, Metro: Budějovická (C)*

Tesco [112 B5]
Für seine glasdurchbrochene Rolltreppenfassade bekam das 1975 als »Máj« eröffnete Haus einen Architekturpreis. Unlängst wurde auch die Inneneinrichtung des Kaufhauses ausgezeichnet: Die Grünzeugecke war für die *Prague Post* die »Gemüseabteilung des Jahres«. *Národní třída 26, Metro: Národní třída (B)*

Vinohradský Pavilon [117 D3]
Die frühere Weinberger Markthalle wurde aufwändig zu einem Kaufhaus zusammengewürfelt. Viele Markenläden, viele schöne Menschen, wenig Aufregendes. Die Architektur macht das locker wett. *Vinohradská 50, Metro: Náměstí Míru (A)*

MÄRKTE

Die erwähnten Märkte finden täglich zwischen 10 und 19 Uhr statt.

Havelské trh (Havelmarkt) [112 B5]
★ Einer der ältesten Prager Märkte; er führt heute vorrangig günstiges Gemüse, allerlei Holzspielzeug und Schmuck. Wer hier nicht fündig wird, der hat es auch anderswo schwer. *Havelská, Metro: Můstek (A, B)*

Pražské tržnice (Prager Markt) [113 F1]
Trödel aller Farben und Formen im ehemaligen Prager Schlachthof. Zahlreiche Imbissbuden sind integriert. *Bubenské nábřeží, Metro: Vltavská (C)*

Der Mythos Golem lebt

Die Legende vom Beschützer der Judenstadt fasziniert noch immer

Falls er nicht existiert hat, wurde er zumindest gut erfunden: der Golem, Prags bekanntester Exportschlager nach Kafka und dem braven Soldaten Schwejk. Der Legende nach hatte Rabbi Löw die mächtige Figur im Jahr 1580 aus Lehm als Beschützer des jüdischen Ghettos geschaffen. Doch als der Gehilfe unberechenbar wurde, zog der geniale Rabbi den Zettel mit dem magischen Wort aus dem Mund seines Geschöpfes und verstaute die leblose Masse auf dem Dachboden der Altneusynagoge. Dort warte der Golem, bis neue Gefahren die Prager Juden bedrohten und er eingreifen könne, berichtet die Sage. Doch als der »rasende Reporter« Egon Erwin Kisch auf dem Dachboden recherchierte, fand er nur Staub und Fledermäuse. Den Mythos ficht das nicht an: Auf T-Shirts und Tassen ist der Golem so lebendig wie nie.

MODE

Černá Růže [113 D3]
Das funktionalistische Gebäude der »Schwarzen Rose« dient seit Jahrzehnten als »Kaufhaus im Kaufhaus« und wurde Ende der 1990er-Jahre aufwändig renoviert. Seitdem beherbergt das denkmalgeschützte Haus, ein Beispiel für frühe mutige Stadtarchitektur in Prag, zahlreiche Markengeschäfte unter dem größten Stahlbetondach Europas. *Na Příkopě 12, Metro: Můstek (A, B)*

Bat'a [116 A1]
★ In keiner europäischen Fußgängerzone fehlt das Schuhgeschäft des im mährischen Zlín geborenen Bat'a. Auf dem Wenzelsplatz steht das Prager Stammhaus der Kette – mit immer noch preisgünstigen Angeboten. *Václavské náměstí 6, Metro: Muzeum (A, C)*

Black Market [113 D3]
Erste Wahl in Sachen Secondhand – fast wie in London. *Petrské náměstí 1, Metro: Náměstí Republiky (B)*

Boutique Tatiana [112 B5]
Tatiana Kovaříková gehört zur Prominenz der Prager Designerszene und schneidert mit Vorliebe schlichte Filmkostüme. Die 34-Jährige studierte an der Theaterakademie der musischen Künste. *Národní třída 37, Metro: Národní třída (B)*

Boutique Timoure et group [112 B5]
Ivana Šafránkova (41) und Alexandra Pavalová (35) setzen auf lässige Eleganz, nüchterne Farben und Qualitätsstoffe und unterlassen schnelllebige Modetorheiten. Die beiden ehemaligen Studienkolleginnen haben sich mittlerweile in der tschechischen Modeszene etabliert.

Národní třída 37, Metro: Národní třída (B)

Helena Fejková **[116 A2]**
Die Boutique der 45-jährigen Designerin ist nicht nur ein Anziehungspunkt für die modebewussten Prager Frauen: Neben klassisch geschnittenen Kostümen und hochwertigen Strickwaren gibt es auch Kollektionen fürs männliche Geschlecht – gut verarbeitet und zu erschwinglichen Preisen. *Štěpánská 56 (Lucerna-Passage), Metro: Muzeum (A, C)*

Klára boutique **[114 B5]**
Nach sieben Jahren in Paris begann Klára Nademlýnská 1997 mit dem Entwerfen luxuriöser Damenkonfektion in Kleinserien. Die 32-Jährige setzt dabei vor allem auf junge Mode in Unifarben. *U Nikolajky, Metro: Anděl (B)*

Josef Klir **[110 B4]**
Der junge Absolvent einer nordböhmischen Textilgewerbeschule schmückt seine Arbeiten mit Spitzen, Perlchen und Handstickereien – offenbar mit viel Erfolg: Zahlreiche prominente Damen des Landes tragen die figurbetonenden Stoffe des 29-Jährigen, darunter das tschechische Topmodel Eva Herzigová. *Nerudova 49/Jánska 14, Metro: Malostranská (A)*

Modrá **[O]**
Monika Drápalová entwirft Talare für Hochschulrektoren, Kostüme für Puppentheater und »Mode für Menschen«: Das vielseitige Repertoire der 30-jährigen Pragerin erntete mit Preisen aus Luxemburg und Paris bereits internationale Anerkennung. Gelernt hat sie ihr Handwerk in Nottingham. *Lohniského 870, mehrere Busse ab Metrostation Smíchovské nádraží (B)*

PARFÜM

Body Basics **[116 A1]**
Parfüm, Seife und andere chemiefreie Produkte in einer freundlichen Filiale des internationalen Körperpflegemittelunternehmens. *Passage Koruna, Václavské náměstí 1, Metro: Můstek (A, B)*

Yves Rocher **[116 B2]**
Hier gibt es wunderbare Düfte in zauberhaften Flakons – aber natürlich zu entsprechend hohen Preisen. *Václavské náměstí 47, Metro: Muzeum (C)*

VOLKSKUNST

Česká lidová řemesla **[112 B4]**
Holzspielzeug, Keramik, Textilien, Schmiedearbeiten und bemalte Ostereier aus Böhmen. *Karlova 26, Metro: Můstek (A, B)*

In Prag wird auch Mode gemacht

HOTEL PAŘÍŽ
1080
HOTEL
PAŘÍŽ

Schlafen Sie gut!

Aufbruch aus der Donaumonarchie – die modernen Herbergen wachsen über sich hinaus. Der Boom sorgt für ein großes Angebot mit großen Unterschieden

Prag ist schon seit mehreren Jahrzehnten ein Magnet für Touristen aus aller Welt. Seit der Zwangsumtausch (und für viele Länder auch die Visumspflicht) abgeschafft ist, strömen noch mehr Besucher in die Stadt als zu sozialistischen Zeiten. Auch aus diesem Grund kam es nach dem Wendejahr 1989 zu einem regelrechten Boom beim Bau von Hotels.

Trotzdem grenzt es immer noch an ein Wunder, wenn man als Individualtourist während der Saison ein Zimmer in Prag bekommt – viele Hotels vermieten ihre Betten schon Monate vorher pauschal an Reiseunternehmen. Wer also auf eigene Faust an die Moldau reist, sollte entweder eine der Vermietungsstellen für Unterkünfte aufsuchen (zum Beispiel in den Prager Bahnhöfen *Hlavní nádraží* und *Nádraží Holešovice*) oder früh buchen.

Ein Problem ist bei vielen kleineren Häusern immer noch die Verständigung. Bei deutsch- oder englischsprachigen Anrufen kommt es oft zu ärgerlichen Missverständnissen, die sich manchmal erst sehr spät, nämlich bei der Ankunft im Hotel, klären. Ausdrücklich empfohlen sei daher an dieser Stelle, Reservierungen schriftlich (zum Beispiel per Fax) zu erledigen. Dies kann dann auch in Deutsch geschehen.

Haupteingang des von Gästen aus aller Welt besuchten Drei-Sterne-Hotels Paříž

Die Zahl der Privatunterkünfte ist in den vergangenen Jahren ebenso sprunghaft angestiegen wie die der Hotelzimmer. Das liegt unter anderem auch daran, dass viele Prager sich eine Wohnung in einer Plattenbausiedlung leisten und ihr Apartment im Zentrum vermieten. Anzeigen dazu sieht man auch vermehrt in deutschen Zeitungen. Im Allgemeinen sind diese Angebote seriös und die Unterkünfte sauber.

Achtung: In manchen Hotels gelten für Ausländer gesonderte, höhere Zimmerpreise. Die Tourismusindustrie argumentiert, dass Ausländer mehr Geld haben als Tschechen und sie daher für die gleiche Sache mehr bezahlen können. Wundern Sie sich ruhig über diese Preispolitik – schon die Europäische Union hat Tschechien aufgefordert, diese unverständliche Genehmigung zu ändern.

HOTELS €€€

Ametyst **[116 C4]**
Hotel in österreichischem Stil, angenehme Weinstube, ruhig gelegen. Mehrere Restaurants in der Nähe.

87 Zi., Jana Masaryka 11, Tel. 24 25 41 85, Fax 24 25 13 15, Metro: Náměstí Míru (A)

Corinthia Towers **[116 B6]**
In jeder Hinsicht ein Höhepunkt: Die imposanten Glastürme bieten exzellente Fernsicht, Bowling und Squash. Das Luxushotel war früher als »Forum« bekannt. *551 Zi., Kongresová 1, Tel. 61 19 11 11, Fax 42 14 64, www.towers@corinthia.cz, Metro: Vyšehrad (C)*

Diplomat **[110 A2]**
Weitläufiges Luxushotel in Flughafennähe. Im Keller eigene Kart-Rennbahn. *382 Zi., Evropská 15, Tel. 24 39 41 11, Fax 24 39 42 15, www.diplomat-hotel.cz, Metro: Dejvická (A)*

Don Giovanni **[O]**
Futuristisches Nobelhotel am neuen jüdischen Friedhof. Bei Prominenten sehr beliebt. *400 Zi., Vinohradská 157a, Tel. 67 03 11 11, Fax 67 03 67 17, Metro: Želivského (A)*

Esplanade **[113 D5]**
Haus im Art-déco-Stil zwischen Hauptbahnhof und Wenzelsplatz. Großzügige Lobby, mondäne Marmorbäder, Parkplatz vor dem Haus. *74 Zi., Washingtonova 19, Tel. 24 50 11 11, Fax 24 22 93 06, Metro: Muzeum (A, C)*

Kunstvolles Haus in Burgnähe: Das Hotel Hoffmeister

Hoffmeister **[111 D3]**
★ Kunstvoll eingerichtetes Haus unterhalb der Burg. Wird von Nachkommen des tschechischen Grafikers Adolf Hoffmeister geführt. Im Foyer hängen zahlreiche Karikaturen des Meisters. *42 Zi., Pod Bruskou 9, Tel. 57 53 24 92, Fax 51 01 71 20, www.hoffmeister.cz, Metro: Malostranská (A)*

Holiday Inn **[O]**
Das frühere »Hotel Internacional« ist ein Stück Moskau in Prag und trug früher einen weithin sichtbaren roten Stern auf der Spitze. Das in den 1950er-Jahren entstandene Haus ist heute völlig umgebaut, Spuren der Vergangenheit sind jedoch noch sichtbar. *243 Zi., Koulova 15, Tel. 24 39 31 11, Fax 24 31 06 16, Straßenbahnhaltestelle Podbaba ab Metrostation Dejvice (A)*

Jalta **[112 C5]**
1958 im sozialistischen Zuckerbäckerstil gebaut, lange beliebter Agententreff. Seit der Wende auch für Tagesgäste attraktiv (schöne Terrasse). *89 Zi., Václavské náměstí 45, Tel. 22 82 21 11, Fax 24 21 38 66, Metro: Muzeum (A, C)*

Mövenpick **[114 B4]**
Eine Seilbahn verbindet das Hotel mit der Apartmentanlage auf dem Mrázovka-Hügel. Oben große Terrasse und feines Restaurant. *435 Zi., Mozartova 261/1, Tel. 57 15 11 11, Fax 57 15 31 31, www.moevenpick-hotels.com, Metro: Anděl (B)*

MARCO POLO Highlights »Übernachten«

★ **Evropa**
Relikt der Donaumonarchie im Jugendstil (Seite 70)

★ **Hoffmeister**
Kunst und Können unter einem Dach (Seite 68)

★ **Opera**
Alte Dame in neuem Gewand (Seite 72)

★ **Paříž**
Art-déco-Flaggschiff im Häusermeer der Altstadt (Seite 69)

Marriot **[113 E2]**
Zur Jahrtausendwende eröffnetes Hotel im Zentrum mit allem Komfort. Erschrecken Sie nicht über die gelegentliche Polizeipräsenz und den beflaggten Wagenpark vor dem Haus: Staatsgäste steigen hier oft ab. *293 Zi., V celnici 8, Tel. 22 88 88 88, Fax 22 88 88 89, Metro: Náměstí Republiky (B)*

Paříž **[112 C4]**
★ Das 1904 erbaute Drei-Sterne-Haus in der Altstadt wird vor allem wegen seiner geräumigen Zimmer geschätzt. Von außen ein blühender Jugendstil-Traum. *93 Zi., U Obecního domu 1, Tel. 22 19 51 95, Fax 24 22 54 75, www.hotel-pariz.cz, Metro: Náměstí Republiky (B)*

Praha **[0]**
Opulenter Komplex in Flughafennähe, früher Unterkunft der Nomenklatura. Luxusausstattung. *124 Zi., Sušická 20, Tel. 24 34 11 11, Fax 24 31 12 18, www.htlpraha.cz, Metro: Dejvická (A)*

President **[112 B3]**
Das frühere Gewerkschaftshotel ist die etwas preiswertere Alternative zum benachbarten »Interconti«. *100 Zi., náměstí Curieových 100, Tel. 22 31 48 12, Fax 231 82 47, Metro: Staroměstská (A)*

Renaissance **[113 D4]**
1993 gegenüber dem altehrwürdigen Masaryk-Bahnhof entstandene üppige Vier-Sterne-Unterkunft. *315 Zi., V celnici 7, Tel. 21 82 11 11, Fax 22 31 31 33, Metro: Náměstí Republiky (B)*

Savoy **[110 A4]**
Die noble Jugendstilherberge nahe der Burg avancierte mittlerweile zum Diplomaten-Hotel. Geräumige Lobby, kleine Bücherei. *61 Zi., Keplerová 6, Tel. 24 30 24 30, Fax 24 30 21 28, Straßenbahnhaltestelle Pohořelec ab Metrostation Hradcanská (A)*

HOTELS €€

Abri **[116 C4]**
In einer ruhigen Straße des bürgerlichen Viertels Vinohrady (Weinberge). Bewachter Parkplatz im Hof. *25 Zi., Ulice Jana Masaryka 36, Tel. 22 51 51 24, Fax 24 25 42 40, www.abri.cz, Straßenbahnhalte-*

Prager Luxushotels

Four Seasons [112 B2]
Zehn Jahre rangen Architekten, Stadtplaner und Investoren miteinander, bis der immer noch viel diskutierte Komplex an der Moldau 2001 »der Umgebung angepasst« eröffnet werden durfte. Stars wie Bruce Willis steigen bevorzugt hier ab. Doppelzimmer ab 245 Euro. *500 Zi., Veleslavínova 1, Tel./Fax 21 42 61 11, Metro: Staroměstská (A)*

Hilton [113 E3]
1991 gebautes Vier-Sterne-Hotel mit künstlichen Brunnen im gläsernem Innenhof. Doppelzimmer ab 221 Euro. *788 Zi., Pobřežní 1, Tel. 24 84 11 11, Fax 24 84 23 78, Metro: Florenc (B, C)*

Inter-Continental [112 B3]
Luxushotel an der Moldau mit beeindruckender Gästeliste und schönem Blick über die Altstadt. Doppelzimmer ab 250 Euro. *364 Zi., náměstí Curieových 43/5, Tel. 24 88 11 11, Fax 24 81 12 16, Metro: Staroměstská (A)*

Palace [112 C5]
Mit viel Gefühl eingerichtetes Jugendstil-Luxushotel in einer Seitengasse des historischen Zentrums. Doppelzimmer ab 277 Euro. *124 Zi., Panská 12, Tel. 24 09 31 11, Fax 24 22 12 40, Metro: Můstek (A, B)*

stelle Jana Masaryka ab Metrostation Náměstí Míru (A)

Astra [O]
Komfortables Hotel im Vorort mit freundlichem Personal. *75 Zi., Mukařovská 18, Tel. 74 81 35 90, Fax 74 81 07 65, Metro: Skalka (C)*

Axa [113 D4]
1932 erbaute, zweckmäßig eingerichtete Zwei-Sterne-Unterkunft unweit des Zentrums und mit einer guten Verkehrsanbindung. *135 Zi., Na poříčí 40, Tel. 24 81 25 80, Fax 22 32 21 72, Metro: Florenc (B, C)*

Coubertin [O]
Ruhiges Haus inmitten des riesigen Sportareals auf dem Strahov-Hügel. Ohne Auto schwer erreichbar. *32 Zi., Atletická 4, Tel. 33 35 31 09, Fax 20 51 32 08, Bus 176 ab Metrostation Karlovo náměstí (B)*

Duo Praha [O]
Komfortables Haus nahe der Ausfallstraße nach Sachsen. Unschöne Umgebung (Plattenbau-Siedlung), aber sehr netter Service. Ohne Auto schwer erreichbar. *578 Zi., Teplická 17, Tel. 66 13 11 11, Fax 83 88 01 41, zahlreiche Busverbindungen ab Metrostation Nádraži Holešovice (C)*

Evropa [112 C5]
★ Seit 1905 begeistert das Jugendstil-Interieur des Zwei-Sterne-Hauses seine Gäste genauso wie das angegliederte Café im Wiener Stil. Auch Tschechiens Präsident Václav Havel kommt manchmal auf einen

Kaffee vorbei. *63 Zi., Václavské náměstí 25, Tel. 24 22 81 17, Fax 24 22 45 44, Metro: Můstek (A, B)*

Golf **[0]**
Etwas betagtes, aber gemütliches Hotel an der Ausfallstraße nach Plzeň (Pilsen). Hieß früher »Motel Stop«. *120 Zi., Plzeňská 215a, Tel. 57 21 73 60, Fax 57 21 51 85, Straßenbahnhaltestelle Hotel Golf ab Metrostation Anděl (B)*

Insider Tipp

Hotel 16 **[115 F3]**
Plüschiger Geheimtipp nahe der Innenstadt. Kleine Zimmer, großer Service. *20 Zi., Kateřinská 16, Tel. 24 91 96 76, Fax 24 91 96 76, www.hotel16.cz, Metro: Karlovo náměstí (B)*

Ibis **[0]**
Die Drei-Sterne-Unterkunft in der Nähe des Zentrums hieß früher »Karl-Inn«. Geräumiges Hotel mit Komfort. *208 Zi., Šaldova 54, Tel. 24 81 17 18, Fax 24 81 26 81, Metro: Křižíkova (B)*

ILF **[0]**
Hotel in verkehrsgünstiger, aber nicht sehr schöner Lage. Dafür bietet es ab dem dritten Stock eine tolle Aussicht in Richtung Innenstadt. *128 Zi., Budějovická 15, Tel. 61 09 21 11, Fax 61 26 19 29, Metro: Budějovická (C)*

Kafka **[117 E1]**
Das bodenständige Hotel liegt wie das Grab des Schriftstellers in Žižkov. Sonst sind jedoch in dem ruhig gelegenen Haus keine Hinweise auf Franz Kafka zu entdecken. *76 Zi., Cimburkova 24, Tel./Fax 27 31 01, Straßenbahnhaltestelle Lipanská ab Metrostation Hlávní nádraží (C)*

Kampa **[114 C1]**

Insider Tipp

Traumhafte Lage und gemütliche Zimmer: Das ruhige Haus

Von der Empore hat man einen guten Blick auf die Gäste des Cafés Evropa

auf der Moldauhalbinsel ist unverständlicherweise kaum bekannt. *68 Zi., Všehrdova 16, Tel. 57 32 04 04, Fax 57 32 02 62, Straßenbahnhaltestelle Újezd ab Metrostation Národní třída (B)*

Liberty **[116 A1]**
Komplett renoviertes Jugendstilgebäude am Wenzelsplatz, großzügige Zimmer im Biedermeierstil. Einige Suiten bieten einen schönen Blick auf die Burg. *32 Zi., Ulice 28. října 11, Tel. 24 23 95 91, Fax 24 23 76 94, www.hotelliberty.cz, Metro: Můstek (A, B)*

Meteor Plaza **[113 D4]**
Das bequem am Rand der Innenstadt stehende Haus, das zur »Best-Western«-Kette gehört, verfügt sogar über ein eigenes Casino. *84 Zi., Hybernská 6, Tel. 24 19 21 11, Fax 24 21 30 05, www.hotel-meteor.cz, Metro: Náměstí Republiky (B)*

Opera **[113 D3]**
★ Das älteste Hotel in Prag (seit 1890) lässt sich seine Jahre kaum anmerken. Wohltuend normale Atmosphäre. Und: Haustiere willkommen! *59 Zi., Těšnov 13, Tel. 22 31 56 09, Fax 22 31 14 77, Metro: Florenc (B, C)*

Pyramida **[O]**
Geschmackvoll eingerichtet, hinter der Burg. Der Architekt war wohl ein Freund ägyptischer Formen. *298 Zi., Bělohorská 24, Tel. 33 35 51 09, Fax 33 35 61 59, Straßenbahnhaltestelle Hládkov ab Metrostation Hradčanská (A)*

Sax **[110 B4]**
Unterkunft im Botschaftsviertel der Kleinseite. *Jánský vršek 328, Tel. 57 53 01 72, Fax 57 53 31 01, Metro: Malostranská (A)*

U Medvídků **[112 B5]**
Unscheinbares Haus im Zentrum der Stadt. Netter Service, unten auch Restaurant. Oft ausgebucht. *20 Zi., Na Perštyně 7, Tel. 24 21 19 16, Fax 24 22 09 30, Metro: Národní třída (B)*

Union **[116 A5]**
Unauffällig duckt sich das komfortable Hotel unter die gewaltige Nuslebrücke. Die kleinen Zimmer verfügen über eine üppige Minibar. Parkplatz vor dem Haus, zahlreiche Gaststätten befinden sich in unmittelbarer Nähe. *57 Zi., Ostrčilovo náměstí 4, Tel. 61 21 48 12, Fax 61 21 48 20, Straßenbahnhaltestelle Ostrčilovo náměstí ab Metrostation Karlovo náměstí (B)*

HOTELS €

Alexandra **[O]**
Das naturnah im Norden der Stadt gelegene Hotel ist vor allem bei Ausflüglern beliebt. *29 Zi., Nádraží 1640, Tel. 20 91 02 91, Fax 20 91 19 20, Bus ab Metrostation Nádraží Holešovice (C)*

Balkán **[115 D4]**
Günstiges Haus in Moldaunähe. Wegen der stark befahrenen Straße um ein Zimmer zum Hof bitten. *28 Zi., Svornosti 28, Tel./Fax 57 32 71 80, Metro: Anděl (B)*

Beránek **[116 B4]**
Sauberes Hotel mit guter Verkehrsanbindung im Zentrum. Die Zimmer sind allerdings recht eng. *15 Zi., Bělehradská 110, Tel. 25 45 44, kein Fax, Metro: I. P. Pavlova (C)*

Botel Albatros **[112 C3]**
Hotelboot und Restaurant in einem: Eher zweckmäßig als romantisch, aber freundlich und günstig gelegen. *77 Kabinen, nábřeží Ludvíka Svobody, Tel. 24 81 05 47, Fax 24 81 12 14, Metro: Náměsti Republiky (B)*

Brno **[0]**
Die ehemalige Pension für Gewerkschaftler ist ein kostengünstiger Tipp nahe des Stadtzentrums, die Metrostation liegt direkt vor dem Haus. *81 Zi., Thámova 26, Tel. 24 81 18 88, Fax 24 81 04 32, Metro: Křižíková (B)*

Central **[112 C3]**
Wie der Name sagt: zentral gelegene Unterkunft. Ohne großen Komfort, aber sauber und erstaunlich günstig. *50 Zi., Rybná 8, Tel. 232 43 51, Fax 23 22 84 04, Metro: Náměstí Republiky (B)*

Kolej Strahov **[110 A6]**
Im Schatten des gigantischen Spartakiadestadions auf dem Strahov-Hügel sind mehrere ehemalige Athletenunterkünfte zu preiswerten Pensionen umgebaut worden. *Vaníčkova 5, Tel. 52 73 44, Fax 52 73 43, Bus 217 ab Metrostation Dejvická (A), Haltestelle Kolej*

Lída **[0]**
Großzügige Zimmer in einer Gründerzeitvilla mit nettem Familienservice. *15 Zi., Lopatecká 26, Tel./Fax 61 21 47 66, Metro: Pražského povstání (C)*

Ostrov **[115 D2]**
Das Jugendhotel steht auf der Schützeninsel *(Střelecký ostrov)* und ist über die »Brücke der Legionäre« *(most Legií)* zu erreichen. Saubere, einfache Zimmer, allerdings nur Saisonbetrieb (Mai bis August). *17 Zi., Střelecký ostrov, Tel. 24 91 01 88, kein Fax, Metro: Národní třída (B)*

Sol **[0]**
Das geräumige, allerdings etwas abgelegene Hotel ist vor allem als Unterkunft für größere Gruppen ideal. *245 Zi., Olštýnská 607, Tel. 854 09 20, Fax 855 19 89, Metro: Budějovická (C)*

Tourist **[0]**
Einfaches, aber sauberes Hotel für Gäste, die keine besonderen Ansprüche stellen. Sehr zuvorkommende Bedienung. *50 Zi., Peroutková 531, Tel. 57 21 86 94, Fax 57 21 70 22, Bus 137 ab Metrostation Anděl (B), Haltestelle Na Farkaně*

Traveller's Hostel **[112 B5]**
Zentral gelegenes Jugendhotel mit Gemeinschaftsräumen, in dem vornehmlich Rucksackreisende absteigen. *15 Zi., Husova 3, Tel. 24 21 53 26, kein Fax, Metro: Staroměstská (A)*

ANDERE UNTERKÜNFTE

Prague Bed and Breakfast Association **[114 C2]**
Zentrale für Privatunterkünfte, *Kroftova 3, Tel. 57 32 68 97, Straßenbahnhaltestelle Kinského zahrada ab Metrostation Anděl (B)*

Universitas Tour **[113 D5]**
Anlaufstelle für Unterkunft in einem der vielen Studentenwohnheime, *Opletalova 38, Tel. 26 04 26, kein Fax, Metro: Muzeum (A, C)*

Unterhaltung auf hohem Niveau

Polka und Pantomime, Pasta und Projektionen: Das Kulturprogramm hat Prag mittlerweile den Ruf eines »Paris des Ostens« eingebracht

Mit dem Beginn von Demokratie und Marktwirtschaft vergrößerte sich 1989 auch das Freizeitangebot in der Moldaumetropole. Geradezu lawinenartig entstanden in kurzer Zeit Kneipen, Clubs und Kabaretts. Und mit der Zahl der Etablissements stieg auch das Niveau, denn Konkurrenz belebt das Geschäft. So können Pragbesucher heute aus einem reichhaltigen Angebot an Möglichkeiten für ein Abendvergnügen wählen.

Spätestens, seit US-Präsident Bill Clinton im Januar 1994 im Reduta-Club Saxophon spielte, gilt Prag als europäische Jazzmetropole. Kenner schwören auf Konzerte von Flötenvirtuose Jiří Stivín, Big-Band-Leader Milan Svoboda und Allrounder Karel Ruzičká – einer der Herren spielt immer in Prag.

Längst steht die Moldaustadt auch auf den Tourneelisten internationaler Stars. Auftritte von Bob Dylan, den Rolling Stones oder Eros Ramazotti sind keine Seltenheit, und die Eintrittskarten sind deutlich billiger als zu Hause. Aber

Das Prager Nationaltheater hat seinen Klassiker: Regelmäßig werden hier Smetana-Opern aufgeführt

Im Club Reduta wird Jazz gespielt

auch, wenn Sie lieber klassische Musik hören, werden Sie nicht enttäuscht werden. Die Konzerte in den Kirchen der Altstadt haben eine besondere Atmosphäre, und die Auftritte der hervorragend ausgebildeten Philharmoniker sind ein Genuss. In den Theatern und Opernhäusern der Stadt geben in der Hauptsaison viele Ensembles auch Vorstellungen in deutscher oder englischer Sprache.

Viele Pragreisende schätzen vor oder nach dem Konzertbesuch (manche auch anstelle desselben) eine kurze Auszeit in einer der zahlreichen Kneipen und Gaststätten. Bier ist so etwas wie eine Religion in Prag, immerhin hält das Land den Weltrekord im Pro-Kopf-Verbrauch (etwa 160 Liter jährlich). In den knapp tausend Bierstuben der Hauptstadt tobt seit Jahrzehnten ein Kampf zwischen dem in Prag gebrauten Gerstensaft und dem Bier aus Pilsen. Wahr ist: Beides schmeckt, und zwar am besten frisch gezapft.

DISKOS

Akropolis **[117 E1]**
Alternativ und angenehm ungezwungen: Unten wird getanzt, oben lockt die lange Speisekarte einer kunstvoll eingerichteten Kneipe. *Tgl. 18–1 Uhr, Kubelíková 27, Tel. 22 71 22 87, Metro: Jiřího z Poděbrad (A)*

Karlový Lážně **[112 B3]**
In der ehemaligen Werkhalle für Straßenbahnbau hat Lärm Tradition. Der krachneue Club ist derzeit absolut in. *Tgl. 19–3 Uhr, Křižíkova 38, Tel. 24 61 75 85, Metro: Křižíkova (B)*

Lávka **[111 D5]**
Stadtbekannte Singles wiegen sich zu internationalen Hits. Wer nicht gut aussieht, sollte wenigstens gut tanzen können. Im Sommer mit Terrasse. *Tgl. 21–5 Uhr, Novotného lávka, Tel. 22 22 21 56, Metro: Staroměstská (A)*

Lucerna Music Bar **[116 A2]**
Der Keller des Lucerna-Palastes bietet vom Techno-Inferno bis zum Tanztee alles. Ein Klassiker ist die am Samstagabend stattfindende »80er-Jahre-Disko«. *Tgl. 20–3 Uhr, Štěpánska 61, Tel. 24 21 71 08, Metro: Můstek (A, B)*

Musicpark **[114 C3]**
Die größte Diskothek der Hauptstadt, zusätzlich mit Restaurant und Spielkasino ausgestattet. Manchmal werden Mottoparties veranstaltet. *Di–So 21–5 Uhr, Francouzská 4, Tel. 22 51 58 25, Metro: Náměstí Míru (A)*

Radost FX (Freude & Effekte) **[116 B3]**
★ Die einen lieben, die anderen hassen den seinerzeit ersten US-Club in Prag. Legendäres Brunch-Angebot, im Hinterzimmer befindet sich eine Galerie. Kaum Tschechen gehören zu den Gästen, aber der Laden ist eigentlich immer proppe-

Die Helden der Kindheit

Pan Tau und Arabella sorgen für Kinderlachen und Devisen

Lange vor pivo (Bier) haben wir das tschechische Wort konec (Ende) gelernt, das uns am Schluss der Kinderfilme aus der CˇSSR erwartete. Pan Tau und Arabella, der kleine Maulwurf und Luzie, der Schrecken der Straße, waren uns gute Freunde und dem Regime in Prag exzellente Devisenbringer. Heute sind die meisten Helden der Kindheit tot, und die Barrandov-Filmstudios verdienen ihr Geld mit der Herstellung internationaler Großproduktionen – mit dem tschechischen Kinderfilm ist fast konec.

MARCO POLO Highlights »Am Abend«

★ **Laterna magica**
Marktführer in Sachen Multimedia (Seite 82)

★ **Rudolfinum**
Exzellente Klangkörper in perfekter Akustik (Seite 78)

★ **U zlatého tygra**
Im »Goldenen Tiger« stillt der böhmische Löwe seinen Durst (Seite 82)

★ **Malostranská beseda**
Ein Begegnungszentrum besonderer Art (Seite 78)

★ **Radost FX**
Der östlichste Club der USA liegt in Prag (Seite 76)

★ **U dvou koček** Insider Tipp
Prager Gemütlichkeit ohne Klischees (Seite 81)

★ **Reduta**
Wo der Jazz das Licht der Moldaustadt erblickte (Seite 79)

★ **Roxy**
Das Kulturlabyrinth bietet für jeden etwas (Seite 77)

★ **U Fleků**
Weltbekannte Bierschwemme mit Verbrüderungsgarantie (Seite 81)

★ **Lucerna**
Nostalgisches Lichtspielhaus (Seite 78)

voll. *Tgl. 11–3 Uhr, Bělehradská 120, Tel. 25 12 10, Metro: I. P. Pavlova (C)*

Roxy **[112 C3]**
★ Das ehemalige Kino ist schon wiederholt zum beliebtesten Club des Jahres gewählt worden. Das Labyrinth mit der durchdachten Ausstattung präsentiert ein reichhaltiges Kulturprogramm, von Konzerten bis Kultfilmen. *Tgl. 19–2 Uhr, Dlouhá třída 33, Tel. 24 81 09 51, Metro: Náměstí Republiky (B)*

Swamp **[110 C6]**
Kleiner, lauter Geheimtipp auf der Kleinseite. Hier wird vorwiegend Techno gespielt, das Publikum besteht fast nur aus Teenagern. *Tgl. 18–2 Uhr, Újezd 5, Tel. 53 00 02, Straßenbahnhaltestelle Újezd ab Metrostation Anděl (B)*

KINOS

Aero **[0]** Insider Tipp
Kunst und Kneipe statt Kommerz: In dem kleinen Saal werden oft Klassiker der Filmgeschichte im Original gezeigt. *Biskupcova 31, Tel. 71 77 13 49, Straßenbahnhaltestelle Biskupcova ab Metrostation Hlavní nádraží (C)*

Galaxie **[0]**
Hochfrequentiertes Multikino, das inmitten einer Plattenbausiedlung liegt. Aktuelles Angebot, die Filme werden häufig in der Originalversion gezeigt. *Arkalycká 1, Tel. 96 14 14 14, Metro: Háje (C)*

Goethe-Institut [112 A6]
Das Haus an der Moldau, früher einmal Botschaft der DDR, führt gelegentlich Repräsentatives aus Deutschland vor. *Masarykovo nábřeží 32, Tel. 21 96 21 11, Metro: Národní třída (B)*

Lucerna [116 A2]
★ Ewig lockt der Klappstuhl: In diesem architektonischen Kleinod fällt es schwer, sich allein auf den Film zu konzentrieren. *Vodičkova 36, Tel. 24 21 69 72, Metro: Můstek (A, B)*

Ster Century [113 E3]
In zehn Sälen mit insgesamt 1 850 Plätzen werden hier in Dolby-Quadrophonie-Qualität sowohl moderne Produktionen als auch Klassiker der Filmgeschichte gezeigt. Am Eingang findet stilechter Popcornverkauf statt. *Na Příkopě 22, Tel. 21 45 12 14, Metro: Náměstí Republiky (B)*

64 U Hradeb [110 C5]
Der Prager liebstes Kino ist oft Schauplatz von Festivals, der brunnenbestückte Innenhof erinnert an Italien oder Südfrankreich. *Mostecká 21, Tel. 53 50 06, Straßenbahnhaltestelle Malostranské náměstí ab Metrostation Malostranská (A)*

KONZERTE

Chram sv. Mikuláš [112 C2]
In der Niklas-Kirche veranstaltet die Hussitengemeinde täglich Klassikkonzerte. Die Veranstaltungen beginnen entweder um 16, 18 oder 19 Uhr. *Staroměstská náměstí, Tel. 232 25 89, Metro: Staroměstská (A)*

Dům U kamenného zvonu [113 D2]
Im »Haus zur Steinernen Glocke« gastieren sowohl Flamencogruppen als auch Kammermusikensembles. Beginn meist 19.30 Uhr. *Staroměstské náměstí 13, Tel. 232 76 77, Metro: Staroměstská (A)*

Obecní dům [112 C4]
Der prunkvolle Smetana-Saal des Gemeindehauses ist die Heimat der Prager Symphoniker. Die Konzerte beginnen hier meistens um 19.30 Uhr. Exzellente Akustik. *náměstí Republiky 5, Tel. 232 25 01, Metro: Náměstí Republiky (B)*

Rudolfinum [112 B4]
★ In dem atemberaubenden Gebäude ist die tschechische Philharmonie beheimatet. Die Konzerte beginnen meist um 19.30 Uhr. *Alšovo nábřeží 12, Tel. 24 89 31 11, Metro: Staroměstská (A)*

LIVEMUSIK

Agharta [116 B2]
Intime Club-Atmosphäre à la Manhattan und Chelsea in einer Seitenstraße des Wenzelsplatzes. *Tgl. ab 21 Uhr, Krakovská 5, Tel. 22 21 12 75, Metro: Muzeum (A, C)*

Jazz Club Železná [112 B4]
Der von ausländischen Besuchern viel frequentierte Klub wechselt zwischen traditionellem Dixie und wildem Freejazz. *Tgl. ab 20.30 Uhr, Železná 16, Tel. 24 21 25 41, Metro: Můstek (A, B)*

Malostranská beseda (Kleinseitner Treffpunkt) [110 C4]
★ Wunderbarer Klub mit Kneipe und Konzertsaal. Wohltuende

Bühne des Smetana-Saals im Gemeindehaus

Mischung aus Einheimischen und Ausländern. *Tgl. ab 20 Uhr, Malostranské náměstí 21, Tel. 53 90 24, Straßenbahnhaltestelle Malostranské náměstí ab Metrostation Malostranská (A)*

Reduta **[112 B5]**

★ Der Club ist die renommierte Keimzelle des Prager Jazz, heute wird allerdings.nur noch selten Experimentelles gespielt. Bill Clinton blies hier 1994 in sein Saxophon. *Tgl. ab 21 Uhr, schließt spät, Národní třída 20, Tel. 24 91 22 46, Metro: Národní třída (B)*

Rock Café **[112 B5]**

In dem vielräumigen Club reiten tschechische Amateurbands auf der Revivalwelle. Meist jugendliches Publikum, auch Touristen. *Tgl. ab 20 Uhr, Národní třída 20, Tel. 24 91 44 14, Metro: Národní třída (B)*

U Malého Glena (Zum kleinen Glenn) **[110 C5]**

Unten Club, oben Kneipe. Vorwiegend junges Laufpublikum. *Tgl. ab 21 Uhr, Karmelitská 23, Tel. 535 81 15, Straßenbahnhaltestelle Malostranské náměstí ab Metrostation Malostranská (A)*

U Staré Paní (Zur alten Frau) **[112 B5]** Insider Tipp

Oft Experimentelles und Alternatives. Insider loben das Programm. *Tgl. ab 21, Michalská 9, Tel. 26 49 20, Metro: Můstek (A, B)*

MUSICALS

(Aktuelles Programm bitte der Tagespresse entnehmen)

Divadlo Milénium (Theater Millennium) **[113 F1]**

Das Haus in Holešovice mit seiner hochmodernen Bühne wurde im

Februar 1999 eröffnet und sorgte gleich für Furore: Tolle Schauspieler in Kostümen von Oscar-Preisträger Theodor Pištěk (»Amadeus«) führten die urtschechische Oper »Rusalka« von Antonín Dvořák angeblich »zu modern« auf, und nach einem vernichtenden Kritikhagel wurde die Geschichte der Nixe im Februar 2000 abgesetzt. Auch wegen des damit verbundenen Minus von etwa 2 Mio. Euro setzt das Theater seitdem auf eher solide, aber ansehbare Produktionen. *Bubenské nábřeží 13/306, Tel. 10 67, Straßenbahnhaltestelle Pražská tržnice ab Metrostation Vltavská (C)*

Go Ja Music Hall **[0]**
Die Bühne des Neubaus ist wegen der amphitheaterähnlichen Einrichtung von allen Seiten gut einsehbar. *Tgl. mehrere Vorstellungen, Výstaviště, Tel. 20 10 33 80, Straßenbahn 12, 5, Haltestelle Výstaviště ab Metrostation Nádraži Holešovice (C)*

Kongresové centrum (Kongresszentrum) **[116 B6]**
Der ehemalige Kulturpalast, im Volksmund »Weißer Wal« genannt, wurde vom kommunistischen Regime mit viel Glas und Beton unsensibel auf einen Moldauhügel geklotzt. *Tgl. mehrere Vorstellungen, Ulice 5.května 65, Tel. 61 17 27 11, Metro: Vyšehrad (C)*

SZENETREFFS & KNEIPEN

La Casa Blů (Das blaue Haus) **[112 B3]**
Ein Stück Südamerika in Prag, von Exilanten und Studenten der ehemaligen Bruderländer eröffnet. Gemütlicher Treff mit Wohnzimmer-Charakter. Bemerkenswertes Rum-Angebot. *Tgl. 18–24 Uhr, Kozí 15, Tel. 24 81 82 70, Metro: Staroměstská (A)*

Jáma (Höhle) **[112 C6]**
Rockkneipe im besseren Sinn, Plakate ergänzen das Ambiente. *Tgl. 11–2 Uhr, V jámě 7, Tel. 24 22 23 83, Metro: Můstek (A, B)*

Jamajka **[114 C4]**
Die Jugendkneipe ist ein sehenswertes Stück Kiezleben in Smíchov, einem der lebendigsten Stadtteile der tschechischen Hauptstadt. Zum Bier unbedingt eingelegten Käse oder Toast probieren. *Tgl. 18–24 Uhr, Staropramenná 23, Tel. 54 91 84, Metro: Anděl (B)*

James Joyce **[112 B5]**
Ein gemütliches irisches Pub, benannt nach dem berühmten Schriftsteller (1882–1941) von der grünen Insel. *Tgl. 16–2 Uhr, Liliova 10, Tel. 24 24 87 93, Metro: Národní třída (B)*

Jo's Bar **[110 C4]**
Legendärer Stopp für Nachtschwärmer auf der Kleinseite. Oben Kneipe, unten Rockclub. Einheimische allerdings rar. *Tgl. 11–3 Uhr, Malostranské náměstí 7, Tel. 53 12 51, Straßenbahnhaltestelle Malostranské náměstí ab Metrostation Malostranská (A)*

Rubin **[110 C4]** Insider Tipp
Am Wochenende ein Off-Theater, dazwischen ein echter Geheimtipp mit Spelunken-Qualität. *Tgl. 18 bis 1 Uhr, Malostranské náměstí 9, Tel. 90 00 19 05, Straßenbahnhaltestelle Malostranské náměstí ab Metrostation Malostranská (A)*

U Černého vola (Beim roten Ochsen) **[0]**
Ein altes Lied schwört, dass »im roten Ochsen die schönsten Mädchen sind«. Mit Sicherheit treffen sich in der Bierschwemme nahe der Burg die durstigsten Trinker. *Tgl. 10 bis 22 Uhr, Loretánské náměstí 1, Tel. 20 51 34 81, Straßenbahnhaltestelle Pohořelec ab Metrostation Malostranská (A)*

U dvou koček (Zu den zwei Kätzchen) **[112 B5]**
★ Abteilartige Trennwände schaffen eine gemütliche Atmosphäre. Gute Speisekarte. »Kočky« spielt auf die nahe Sündenmeile in der Perlová-Straße an. *Tgl. 10–23 Uhr, Uhelný trh 10, Tel. 26 77 29, Metro: Můstek (A, B)*

U Fleků (Beim Fleck) **[112 B6]**
★ Seit 500 Jahren schon eins der schönsten Lokale Prags, mit eigener Schwarzbier-Brauerei. Im Sommer sind Trinkhalle und Biergarten allerdings oft überfüllt. Für Prager Verhältnisse ist es hier eher teuer. *Tgl. 9–23 Uhr, Křemencova 11, Tel. 249 15 18, Straßenbahnhaltestelle Lazarská ab Metrostation Můstek (A, B)*

U kalicha (Beim Kelch) **[116 B3]**
Hier verabredete sich Schwejk »um sechs Uhr nach'm Krieg«. Die berühmten Illustrationen von Josef Lada für das Buch von Jaroslav Hašek zieren die Wand. *Tgl. 11–23 Uhr, Na bojišti, Tel. 29 19 45, Metro: I. P. Pavlova (C)*

U svatého Tomáše (Zum hl. Thomas) **[110 C4]**
An dieser Stelle haben Augustinermönche bereits vor 650 Jahren Bier gebraut. An manchen Sommertagen reichhaltiges Angebot an Grillgerichten. *Tgl. 11.30–24 Uhr, Letenská 12, Tel. 57 32 01 01, Straßenbahnhaltestelle Malostranské*

Die Paten der Revolution

Velvet Underground liehen dem Umsturz von 1989 den »samtenen« Namen

Als die Prager Polizei am 17. November 1989 friedlich demonstrierende Studenten niederknüppelte, war für die Bevölkerung das Maß voll: Innerhalb weniger Wochen stürzte sie mit Generalstreiks und Massendemonstrationen das kommunistische Regime. Der Bürgerrechtler Václav Havel wurde zum Präsidenten gewählt, und die Welt sprach von der »Sanften Revolution«. Intern wurde die Wende aber »Samtene Revolution« genannt, weil die meisten Protagonisten glühende Anhänger der US-Rockgruppe Velvet Underground, Samtener Untergrund, waren. Heute ist dieser Name in Tschechien zur offiziellen Bezeichnung des Umsturzes geworden. Dazu trug sicher bei, dass sich Havel immer noch gelegentlich mit Ex-Underground-Chef Lou Reed trifft.

náměstí ab Metrostation Malostranská (A)

U zlatého tygra (Zum goldenen Tiger) [112 B4]
★ Die beliebteste Kneipe der Innenstadt war einst Stammlokal des Schriftstellers Bohumil Hrabal (1914–97). *Tgl. 15–22.30 Uhr, Husova 17, Tel. 24 22 90 20, Metro: Staroměstská (A)*

THEATER

Divadlo Archa (Theater Arche) [113 D4]
Die moderne Bühne bietet ein erfrischendes internationales Angebot – mal renommiert, mal experimentell, aber immer sehenswert. *Na poříčí 26, Tel. 232 88 00, Metro: Florenc (B, C)*

Divadlo Na zábradlí (Theater am Geländer) [112 B5]
Die Hausbühne des Präsidenten: Hier wurden schon vor 1989 die absurden Havel-Stücke aufgeführt, und noch heute ist im Zuschauerraum stets ein Platz für den allerdings selten anwesenden Dramatiker reserviert. Im Foyer schöne Theaterkneipe. *Anenské náměstí 5, Tel. 24 22 09 20, Metro: Staroměstská (A)*

The Globe [0]
Das zylinderförmige, nach oben offene Gebäude ist eins von wenigen »Globe«-Theatern weltweit. Das Original steht als Shakespearebühne in England. Das Prager Exemplar wurde erst 1999 eröffnet und ist vollkommen aus Holz, was die Akustik etwas verschlechtert. Die drei Zuschaueretagen laufen im Halbkreis um die Bühne und sind nach dem ursprünglichen Vorbild primitiv gezimmerte Tribünen ohne jeglichen Komfort. Geplant ist, dass renommierte Ensembles hier auch Shakespeare-Stücke in Englisch aufführen. *Výstaviště, Tel. 20 10 33 80, Straßenbahnhaltestelle Výstaviště von Metrostation Nádraži Holešovice (C)*

Laterna magica (Magische Laterne) [112 B5]
★ Zwar hat das Schwarzlichttheater mittlerweile zahlreiche Konkurrenten bekommen, das Haus mit der originellen Fassade gilt aber immer noch als Nummer eins. Die zauberhaften Illusionen mit Schauspielkunst und Videotechnik sind wirklich sehenswert. *Národní třída 4, Tel. 24 91 41 29, Metro: Národní třída (B)*

Národní divadlo (Nationaltheater) [112 B5]
Das Nationaltheater brannte 1881 nach der Eröffnungsvorstellung völlig aus, wurde aber schon zwei Jahre später wieder in Betrieb genommen. In dem reich geschmückten Haus werden unter anderem die tschechischen Klassiker von Bedřich Smetana (»Die verkaufte Braut«) auch in internationaler Version mit großem Erfolg aufgeführt. Bei vielen Vorstellungen ist parallel zum Bühnengeschehen der deutsche Text auf einer Anzeigetafel zu sehen. *Národní třída, Tel. 24 91 34 37, Straßenbahnhaltestelle Národní divadlo ab Metrostation Národní třída (B)*

Spejbl und Hurvínek [110 B2] Insider Tip
Schon seit über achtzig Jahren necken sich die Vater- und Sohn-Puppen, manchmal auch in

Die Nova Scena, das Stammhaus der Laterna Magica

deutschsprachigen Aufführungen. Oft ist das renommierte Theater jedoch auf Auslandstournee. *Dejvická 38, Tel. 312 12 41, Metro: Dejvická (A)*

Státní opera (Staatsoper) **[116 B2]**
In der Staatsoper erklingen die Vorstellungen meist in den jeweiligen fremdsprachigen Originalversionen. *Wilsonova 4, Tel. 24 22 76 93, Metro: Muzeum (A, C)*

Stavovské divadlo (Ständetheater) **[112 C4]**
Hier führte Wolfgang Amadeus Mozart einst eigenhändig seinen »Don Giovanni« auf, dessen Ouvertüre er in Prag geschrieben hatte. Das Ständetheater gilt noch heute als Prags erste Mozartbühne; auch dieses Haus verfügt über eine Anzeigetafel, auf der oft die deutsche Übersetzung parallel zur Vorstellung mitläuft. *Ovocný trh 1, Tel. 24 21 43 39, Metro: Můstek (A, B)*

Die Marco Polo Bitte

WWF

Marco Polo war der erste Weltreisende. Er reiste in friedlicher Absicht, verband Ost und West. Er wollte die Welt entdecken, fremde Kulturen kennen lernen, nicht zerstören. Könnte er heute für uns Reisende nicht Vorbild sein? Aufgeschlossen und friedlich sollte unsere Haltung auf Reisen sein. Dazu gehören auch Respekt vor Mensch und Tier und die Bewahrung der Umwelt.

Wie man durch Häuser geht...

Die Spaziergänge sind in der Karte auf dem hinteren Umschlag und im Cityatlas ab Seite 110 grün markiert

1 DER NOSTALGISCHE HAUCH DER PRAGER PASSAGEN

Die auf mittelalterlichen Fundamenten ruhenden Bauten ziehen sich in die Tiefe und bieten Durchgänge von beträchtlicher Länge. Zwei Stunden sollte man für den Gang durch die engen Häuserfronten schon einplanen.

»Der Fremde geht durch Straßen, der autochthone Bürger benutzt das Durchhaus, wenn es ihm den Weg verkürzt, oder wenn er seiner Frau vom Lande mit dem Kennen großstädtischer Lokalgeographie imponieren will«, schrieb Egon Erwin Kisch 1920. Prag ist nicht gerade berühmt für seine Durchhäuser – wenige wissen von ihrer Existenz. Sicherlich standen bei der Entstehung die Passagen in Mailand oder Paris Pate, und vielleicht gibt es andernorts prunkvollere, aufwändigere Schneisen durch das urbane Dickicht. Doch die steinernen Adern der Moldaustadt sind etwas Besonderes: sie wirken bizarr in ihrer Antiquiertheit, mit dem nostalgischen Hauch vergangener Zeiten versehen, beeindruckend durch Stilelemente verschiedener Epochen.

Kleinseitener Ende der Karlsbrücke

Der Ausgangspunkt für einen Spaziergang durch die Prager Mittelwelt liegt direkt am *Wenzelsplatz (S. 29):* Es ist der Eingang zur *Lucerna-Passage (Štěpánská 61).* Insider Tipp Der erste Eisenbetonbau Prags wurde zwischen 1907 und 1921 von Václav Havel errichtet, dem Großvater des heutigen Präsidenten. Der Palast beherbergt in verzweigten Flügeln Kinos, Geschäfte und Gaststätten; im Souterrain befindet sich zudem ein Ballsaal, in dem Karel Gott seine Weihnachtskonzerte gibt. Am besten lässt sich das Treiben in der Passage durch die großen Scheiben des Lucerna-Cafés beobachten (im Vorraum des Kinos im ersten Stock). Für Technikliebhaber sei auf einen der letzten Prager Paternoster hingewiesen, der sich gleich rechts am Eingang der Passage befindet.

Verlässt man die Lucerna an der Vodičková-Straße, führt gleich gegenüber der Eingang in die *Světozor-Passage (Vodičková 39).* Das konstruktivistische Haus wurde 1928 erbaut und erfreut sich wegen der originell eingerichteten

Eisdiele *Světozor* großer Beliebtheit. In der Passage befindet sich auch ein Laden für Briefmarkensammler. Gleich um die Ecke liegt wie ein verborgenes Paradies der *Franziskanergarten (S. 25)*. In der 1950 angelegten Großstadtoase mit ihren statuengeschmückten Brunnen verbringen viele Prager ihre Mittagspause. Der Kiesweg führt am Fragment der gotischen *Maria-Schnee-Kirche (S. 19)* vorbei zum *Jungmannovo náměstí* (Jungmann-Platz).

Die Kirche war im Jahr 1379 begonnen worden und sollte dreischiffig mehr als 100 m lang sein. Damit hätte das Gotteshaus den heutigen Jungmannovo náměstí ganz eingenommen. Hinter der Statue des slawischen Philologen Josef Jungmann (1773–1847) vorbei, der dem Jungmannovo náměstí seinen Namen gab, geht es in die *Adria-Passage (Jungmannova 35)*. Das spätkubistische Gebäude im Stil venezianischer Renaissancepaläste wurde 1924 als Sitz einer Versicherungsgesellschaft errichtet und enthält neben Geschäften ein exzellentes Restaurant mit Terrasse und ein Theater. Früher war hier das berühmte Schwarzlichttheater *Laterna magica (S. 36, 82)* ansässig. Die Fassade schmücken Skulpturen und eine Sonnenuhr der renommierten Bildhauer Otto Gutfreund und Bohumil Kafka. Besonders auffällig ist die *Seefahrtsstatue* von Jan Štursa (1924). Das Adria-Palais erinnere an eine üppige Hochzeitstorte und bilde einen scharfen Kontrast zum funktionalistischen ARA-Haus gegenüber, schrieb ein Architekturführer einmal. Am Ausgang stößt man auf die *Národní třída* (Nationalstraße) und kehrt damit in den Trubel der Großstadt zurück. Doch nur 100 m die Straße hinunter, auf der Gegenseite, führt hinter dem Haus Nr. 35 ein schmaler Gang über den *Platýz-Hof* zum *Uhelný trh* (Kohlenmarkt). Das Platýz war Mitte des 13. Jhs. an der Stelle der Stadtmauer erbaut worden (Reste im Keller) und diente nach einem Umbau Mitte des 19. Jhs. als eins der ersten Mietshäuser Prags. 1846 trat hier auch Franz Liszt auf *(Gedenktafel am Tor zum Uhelný trh)*. In der benachbarten Kirche *St. Martin an der Mauer* reichten Hussiten 1419 erstmals den Kelch mit Messwein auch den Gläubigen und stellten sich damit gegen die Kirche. Der Uhelný trh wurde erst im Winter 1998/99 nach umfangreichen Restaurierungen in seiner jetzigen Form eröffnet. Im Haus Nr. 420 wohnte 1787 Wolfgang Amadeus Mozart – eine *Gedenktafel* erinnert daran. Aus seinem Fenster konnte der Meister die Köhlerei sehen, die bis 1807 in der Mitte des Platzes stand. Heute steht dort der *Wimmersche Brunnen.* Der Bildhauer F. X. Lederer schuf das klassizistische Werk mit Allegorien des Wein- und Gartenbaus 1797 für den Mäzen Jakob Wimmer, der es der Stadt schenkte. Nach der Umgestaltung der Národní třída stellte man den Brunnen 1951 hier auf.

Am Uhelný trh endet dieser Spaziergang. Zum Entspannen bietet sich die nahe Bierkneipe *U dvou koček* (Zu den zwei Kätzchen) unter den Arkaden an. Und wer nun noch nicht genug hat von den Durchhäusern, der sei verwiesen auf die Jalta-Passage und das Koruna-Palais an Kopf und Fuß des Wenzelsplatzes.

2 SCHON GANZ SCHÖN ALT: DIE NEUSTADT DES KAISERS

Seit Karl IV. diesen Stadtteil 1348 anlegte, ist einiges verändert worden. Geblieben ist jedoch eine Mischung aus Bürgerviertel und pompöser Wohnstatt statusbewusster Kaufleute – gut zu sehen in drei Stunden.

Die Zeitreise beginnt am *Museum (S. 41)* des Nationalkomponisten *Antonín Dvořák* (1841 bis 1904). Das barocke Lustschloss *(Ke Karlovu 20)* wurde 1712 von Kilian Ignaz Dientzenhofer entworfen und trägt den Namen »Amerika« – wegen der Zeit, die Dvořák am Konservatorium in New York verbrachte (1892–95). Das Museum zeigt das Arbeitszimmer Dvořáks mit zahlreichen Dokumenten.

Gleich um die Ecke *(Na bojišti)* steht eine Art Museum für einen anderen großen Prager: den braven Soldaten Schwejk. In der Bierstube *U kalicha* (Beim Kelch) zechte der brave Soldat Schwejk regelmäßig mit seinen Kumpanen. So zumindest will es der Autor Jaroslav Hašek in seinem Buch. Er gehörte selbst zu den Stammgästen im »Kelch«, dessen Wände die berühmten Schwejk-Illustrationen von Josef Lada zieren.

Folgt man der Kateřinská-Straße Richtung Moldau, durchquert man ein parkähnliches Krankenhausareal. Das Spätempiregebäude im Zentrum entstand 1787, in den folgenden Jahren wurde es um Gärten und Anbauten erweitert. Das Gelände ist heute so etwas wie eine »Stadt in der Stadt«.

Am Ende des eindrucksvollen Grundstücks steht Prags viel besuchter *Botanischer Garten* *(Benátská 2)*. Insider Tipp Hier finden entsprechend der Jahreszeiten Ausstellungen von blühenden Kaktusarten oder anderen Pflanzen und sogar von exotischen Vögeln statt. Das weitläufige Freigelände mit den zahlreichen Gewächshäusern besteht seit 1845 und ist der Nachfolger eines Gartens, den ein Botaniker aus Florenz auf Wunsch Karls IV. anlegte.

Auf dem Weg zur Moldau steht an der Svobodova-Straße der Bahnhof *Vyšehrad S. 25)*. Die stillgelegte Station ist ein Musterbeispiel für Art déco und Prager Jugendstil.

Ein Stück moldauabwärts (*Rašínovo nábřeží*) ragt auf der rechten

Emmaus-Kloster

Seite das *Emmaus-Kloster* mit der anliegenden Kirche empor, die zu den bedeutendsten von Karl IV. errichteten Bauten gehört. Das Kloster war 1347 für slawische Benediktinermönche gegründet worden. In seinem Baustil spiegelt sich die ganze Geschichte der Neustadt: Zwischen 1636 und 1880 wurde das Kloster zunächst barockisiert, dann wieder regotisiert; nach 1945 schließlich stattete man das Dach mit einer Schalenkonstruktion aus Stahlbeton in Form gekreuzter Flügel aus – eine gewagte Lösung. Im Kreuzgang befinden sich gotische Wandmalereien.

Folgt man nun der Straße *Na Morán,* gelangt man schließlich zum Prunkstück der weitsichtigen Stadtplanung von Karl IV.: zum *Karlsplatz* *(S. 35)*. Der größte Platz Prags (350 mal 150 m) wurde lange Zeit als Viehmarkt genutzt und dient heute eher als Park. An der Südseite (Nr. 40) steht das *Fausthaus,* in dem der legendäre Doktor Faustus gewohnt haben soll.

3 DER PETŘIN-HÜGEL: GRÜNER FLUCHTPUNKT FÜR STADTMÜDE

Früher beackerten die Prager auf dieser Erhebung Weinberge und Steinbrüche. Heute ist der Petřín ihr Lieblingsort für einen zweistündigen Sonntagsausflug.

★ Der Spaziergang beginnt am *Náměstí Kinských* (Kinský-Platz). Von dort führen hundertjährige Bäume zu einer ausgedehnten Rasenfläche, die bereits 1825 angelegt wurde. Am oberen Ende steht das *Kinský-Lustschloss.* Hinter diesem eindrucksvollen Empiregebäude erinnern eine walachische Glockensäule und, ein Stück weiter im Park, eine Holzkirche an mährische Volkskunst.

Den Weg zum Gipfel des Hügels säumt die gotische *Hungermauer* aus dem Jahr 1360. Der Sage nach hat Karl IV. sie als Teil der Stadtbefestigung nach einer Missernte bauen lassen. Tausende von Hungernden fanden so Arbeit, bekamen als Lohn Lebensmittel aus den königlichen Vorratskammern und wurden so gesättigt.

Vom 63,5 m hohen *Eiffeltürmchen* haben Sie einen phantastischen Blick über die Stadt. Die 1891 errichtete Eisenkonstruktion mit ihren 299 Stufen ist tatsächlich eine Kopie des Pariser Originals. Im

Aussichtsturm auf dem Petřín

Linie 22

Fahrn, fahrn, fahrn mit der Straßenbahn

Eine Pragbesichtigung bei Regen muss keine Qual sein – es gibt ja die Straßenbahnlinie Nummer 22. In etwa 70 Minuten durchquert sie die Goldene Stadt vom Arbeiterviertel Vrsovice zum geschichtsträchtigen Weißen Berg, vorbei am Nationaltheater, über die Moldau zum Kleinstädter Ring und hinauf zur Burg. Für wenige Kronen genießen Sie Lokalkolorit beiderseits der Scheibe. Und bei trockenem Wetter oder zu großem Reiz steigen Sie einfach an einer der 41 Stationen aus. Aber Vorsicht: Die Linie 22 wird im Volksmund »Pickpocker-Express«, Taschendieb-Express, genannt – aus gutem Grund!

gleichen Jahr wurde das benachbarte Spiegelkabinett angelegt. Darin befindet sich auch ein 90 m^2 großes, dreidimensionales Schaubild, das den Kampf der Prager Studenten gegen schwedische Truppen auf der *Karlsbrücke* *(S. 24)* im Jahr 1648 zeigt.

Vom Kamm des 327 m hohen Petřín gibt es mehrere Abstiegsmöglichkeiten: entweder geht man an einem Kreuzweg vorbei in Richtung Vlašská-Straße, oder man folgt einem Spazierweg durch die Hungermauer zum *Růžový sad* (Rosengarten). Viele wählen jedoch die na-

ider
op

he gelegene Zahnradbahn, die 511 m hinunter zur Straßenbahnstation Újezd führt. Jahrzehntelang war die futuristische Bahn mit dem etwas verstaubten Antrieb die einzige *Feniculair* der Stadt. Doch seit 1996 überwindet auch hinter dem Mövenpick-Hotel eine Zahnradbahn den Höhenunterschied. Die sanfte Fahrt vom *Petřín* ist ein Erlebnis, und der Blick aus der Kabine über die historische Altstadt wunderschön. Aber auch, wer den Abstieg in Richtung Vlašská-Straße wählt, wird mit einem Blick auf einen Ort der Geschichte belohnt. Am Fuß des Petřín-Hügels steht nämlich das Lobkowicz-Palais, in dem seit 1975 die deutsche Botschaft in Prag untergebracht ist. Im Herbst 1989 flüchteten sich Tausende DDR-Bürger auf das Gelände und erreichten so ihre Ausreise. Unvergessen bleibt in diesem Zusammenhang der Auftritt von Hans-Dietrich Genscher am 30. September 1989. Der damalige Bundesaußenminister verkündete vom hinteren Balkon den in einer Zeltstadt lebenden Flüchtlingen in einer bewegenden Ansprache ihre Ausreiseerlaubnis. Im Garten der Botschaft erinnert ein Werk von David Černý daran: Der Prager Künstler schuf einen Trabi mit Beinen. Die deutsche Vertretung in Prag hat aber nicht erst 1989 als Anlaufpunkt für DDR-Bürger Schlagzeilen gemacht: Fünf Jahre zuvor war die Nichte von Ministerpräsident Willi Stoph in den dreistöckigen Barockbau geflüchtet, um in den Westen auszureisen.

Aus Böhmens Natur und Geschichte

Die nähere Umgebung von Prag bietet Kultur- und Naturinteressierten gleichermaßen lohnende Ziele

1 EIN AUSFLUG IN DIE TROPFSTEINHÖHLEN VON KONĚPRUSY

[118 C5] Die Schönheit Böhmens ist viel besungen. Kaum jemand ahnt aber, dass der Landstrich auch einige Stockwerke unter Hain und Flur Sehenswertes bietet. Etwa 35 km südwestlich von Prag lassen die Tropfsteinhöhlen von Koněprusy die Augen groß werden und die Hände über Jahrtausende alten Kalk wandern, als Zugabe lädt die Umgebung der nahen Burg Karlštejn (etwa 15 km von Koněprusy entfernt) zum Spazieren ein – ein Tagesausflug für alle Sinne. Weste oder warmen Pullover nicht vergessen, unter Tage ist es kühl.

Koněprusy erreicht man über die Europastraße E 50 Richtung Plzeň (Pilsen). Gleich hinter Beroun sind die Tropfsteinhöhlen (Koněpruské jeskyně) ausgeschildert. Sie wurden erst in den 1950er-Jahren bei Sprengarbeiten in den örtlichen Kalksteinbrüchen entdeckt und gelten als noch nicht völlig erforscht.

In der Höhle von Koněprusy

Der Anblick auf dem etwa 3 km langen Lehrpfad ist überwältigend: In den dreigeschossigen Höhlen öffnen sich gewaltige Schluchten, ungezählte Stalagmiten und Stalaktiten ragen schillernd aus den Wänden. Manche Tropfsteinformationen sind wie von Künstlerhand geformt, an anderen Stellen türmen sie sich mit wilden Auswüchsen hoch auf. Durch Beklopfen kann der Besucher feststellen, welcher Zapfen noch »aktiv« ist: Klingt der Tropfstein hohl nach, ist sein Wachsen abgeschlossen. An der tiefsten Stelle der Höhle befindet sich ein kleiner See.

Der Clou für viele Besucher der Tropfsteinhöhlen ist aber die Rekonstruktion einer Fälscherwerkstatt, die um 1470 von den Hussiten betrieben wurde. Hier unten prägten die regimekritischen Anhänger des 1415 hingerichteten Predigers Jan Hus »Goldmünzen« aus versilbertem Kupferblech, um die Währung der Regierenden auszuhöhlen. Bei der Entdeckung der Höhlen wurden nahe der damaligen Esse mehrere hundert Fehldrucke gefunden.

Insider Tipp

In den meisten Fällen werden Besuchergruppen durch die Gänge

Die Burganlage von Karlstein gehört zu den schönsten Mitteleuropas

geführt. Deutschen Gästen wurden dabei in den vergangenen Jahren eigene Touren in ihrer Muttersprache angeboten. Auch Führungen in englischer Sprache waren – zumindest in der Hochsaison – kein Problem. In der Nebensaison ist die Höhlenwanderung auch individuell möglich.

Wenn die Augen sich wieder ans Tageslicht gewöhnt haben, lädt das benachbarte Karlštejn mit Gaststuben und einer der schönsten Burgen Mitteleuropas ein. Wer einen Spaziergang nicht scheut und Parkgebühren sparen will, sollte sein Fahrzeug im Ort abstellen und die 2 km bergauf zu Fuß zurücklegen. Karlštejn wurde in der damaligen Rekordzeit von neun Jahren (1348–57) von Karl IV. erbaut. Es diente als prunkvoller Schrein für die böhmischen Krönungsinsignien, die heute in der Schatzkammer des Prager Veitsdoms aufbewahrt werden. Die Burg ist beileibe kein toter Stein: Im Innenhof wird beispielsweise oft die sehenswerte Komödie »Eine Nacht auf Karlštejn« aufgeführt. Und auf die Heiligkreuzkapelle sind die Tschechen so stolz, dass sie im Jahr 2000 eine aufwändige Nachbildung in ihren Pavillon für die Weltausstellung Expo in Hannover stellten.

2 WANDERN, KLETTERN UND BADEN IN DER WILDEN SCHARKA

[118 C4] Ein Ausflug in die Natur ist in Prag ohne großen Aufwand möglich. Nach einer halben Stunde Fahrt per Straßenbahn oder PKW gelangen Sie in die westliche Peripherie der Metropole: zur Divoká Šárka, der Wilden Scharka. Voraussetzung für diesen Ausflug ist Lust auf Spazieren, Wandern, Klettern und – wer mag – Baden.

Das schmale Tal, dessen Name sich vermutlich von dem Ausdruck *šery*, der so viel wie düster bedeutet, herleitet, ist von der Metrostation Hradčanská (A) aus mit den beiden Straßenbahnlinien 20 und 26 (Endhaltestelle) zu erreichen. Wenn Sie einen PKW zur Verfügung haben, fahren Sie auf der Evropská-Straße in Richtung Flughafen und können ihr Fahrzeug auf einem großen Parkplatz abstellen, wo auch das gelbe M einer Hamburgerkette leuchtet.

Steil ansteigende Schiefer- und Sandsteinfelsen wachsen gleich zu Beginn aus dem Naturreservat und bieten dem Auge in ihren schroffen Formen einen spannungsvollen, gleichzeitig erholsamen Kontrast zur Geradlinigkeit städtischer Architektur. Über eine Vielzahl von Stufen gelangt man auf dem rot markierten Weg in das Šárka-Tal und zwischen die Felsen. Dort schlängelt sich parallel zum Wanderweg der Šárka-Bach, dessen Lauf man (sofern Lust und Schuhprofil reichen) für die nächsten 8 km folgen kann – so lang ist die offizielle Wanderroute von der Straßenbahnhaltestelle »Divoká Šárka« bis zum Kirchlein sv. Matěj (mit sehenswerter Weihnachtskrippe).

Wer dem Weg folgt, durchwandert einen hoch aufgeschossenen Mischwald und passiert zu beiden Seiten ragende Kletterfelsen. Mitte der 1960er-Jahre war die bis Ende des 19. Jhs. unberührte Enklave am Stadtrand aufgrund archäologischer Funde zum Schutzgebiet erklärt worden, in dem das Verlassen der markierten Wege mit einer Geldbuße belegt werden kann. Aber ein Weichen von erlaubten Pfaden ist unnötig: Gibt es doch immer wieder ideale Picknickwiesen, und wer sich lieber auf einer Bank niederlässt, findet in der Nachbarschaft des Schwimmbads Džbán einen einladenden Biergarten.

Von dort führt der Pfad weiter zur romantischen Teufelsmühle (Čertův Mlýn) und der Siedlung Želivka. Kurz dahinter teilt sich der Weg, und der Wanderer kann sich für eine Abkürzung zurück zur Straßenbahn (rechts) oder den regulären Weg bis zur Haltestelle mehrerer Buslinien, die zur Metrostation Dejvická (A) fahren, entscheiden. Ganz entzieht man sich aber auch in der Šárka der zivilisierten Welt nicht. Ab und zu rollt ein schwaches Grollen durch die Schlucht und bricht sich am Fels – der Flughafen Ruzyně verbirgt sich hinter der nächsten Hügelkette und ist, je nach Windrichtung, schwach wie eine Erinnerung zu hören.

3 BESUCH VON KUTNÁ HORA, EINER PERLE BÖHMISCHER GOTIK

[119 F4] Der »Euro des Mittelalters« kam aus Böhmen – genauer gesagt: aus Kutná Hora (Kuttenberg). In der malerischen Stadt, deren historischer Kern Bestandteil des Unesco-Weltkulturerbes ist, wurde bis 1547 der beinahe europaweit akzeptierte »Prager Groschen« geprägt. Etwa 250 Jahre lang war Kutná Hora nach Prag die wichtigste Stadt Böhmens, und in ihrer Blütezeit lebten dort so viele Menschen wie in London. Heute versucht die Stadt mit Einnahmen aus dem Tourismus und den Finanzimpulsen der örtlichen Tabakindustrie an die goldene Ära des böhmischen Königreichs anzuknüpfen. Die 25 000-Einwohner-Stadt liegt etwa 65 km östlich von Prag und ist mit dem Auto über die Schnellstraße 12, mit mehreren Bussen ab Bahnhof Florenc (Metro B, C) oder mit vielen Zügen vom Hauptbahnhof aus leicht zu erreichen. Im Zentrum gibt es zahlreiche Parkmöglichkeiten und Wechselstuben.

Kutná Hora wurde im 13. Jh. in der Nähe von Silberminen gegründet und gilt noch heute als eine der schönsten Städte Böhmens. Ihren Höhepunkt erreichte sie im 15. Jh., als sie zum Aufenthaltsort der böhmischen Könige aufsstieg. Der hier von Experten aus der Toskana geprägte Prager Groschen wurde wegen seines Silbergehalts als Zahlungsmittel in fast ganz Europa anerkannt. Im 16. Jh. verloren die Minen auf Grund von Billigimporten aus Südamerika an Bedeutung – die Stadt schrumpfte in wenigen Jahren auf ein Drittel ihrer Größe.

Beginnen Sie Ihren Rundgang am Palackéko náměstí (Palacky-Platz) mit gotischen und barocken Patrizierhäusern, darunter an der Südwestseite die Ruine des alten Rathauses. Von dort schlendern Sie durch die Kollárova-Straße zum Steinernen Haus. Das reich verzierte Gebäude von 1945 dient heute als Stadtmuseum. An der Nepomuk-Barockkirche vorbei gelangen Sie am Rejskovo náměstí (Rejsek-Platz) zum zwölfeckigen, spätgotischen Sandsteinbrunnen und dem benachbarten Marmorhaus mit seinem Renaisssanceportal. Am monumentalen Jesuitenkolleg entlang erreichen Sie den prächtigen gotischen *Barbaradom* (Insider Tipp) mit kostbaren Bildern *(Di–So 9–15 Uhr)*. Das dominierende Gebäude der Stadt wurde 1388 vom Architekten des Kölner Doms und der Prager Karlsbrücke, Peter Parler, begonnen und erst 1565 vollendet. Das nach der Schutzheiligen der Bergleute benannte Gotteshaus gilt als eine der atemberaubendsten Kirchen Mitteleuropas und übertrifft nach Ansicht mancher Kulturexperten gar den Prager Veitsdom.

Auf dem Weg zurück durch die Barbortská-Straße können Sie im Hradek (Kastell) das zum Teil unterirdische *Museum der Silbererzförderung (Di–So 9–17 Uhr)* besuchen. Kurz vor Erreichen Ihres Ausgangspunkts, des Palackéko náměstí, gelangen Sie zum nach dem Barbaradom bedeutendsten Gebäude von Kutná Hora, dem leider kaputtrenovierten *Vlassky dvůr (Welscher Hof, Führungen tgl. 10–18 Uhr)*. Hier wurde seinerzeit der Prager Groschen geprägt.

Wenn Sie mit dem Auto unterwegs sind, können Sie noch einen Abstecher ins Tal des Sázava-Flusses machen. Sie erreichen die pittoreske Gegend z. B. über die Straße 333 und den Ort Říčany.

4 KZ-GEDENKSTÄTTE IN TEREZÍN (THERESIENSTADT)

[118 C2] Ende des 18. Jhs. wurde die Festung Theresienstadt, 50 km nördlich von Prag, von Kaiser Franz Josef II. als Gefängnis für politische Gegner der Habsburger Monarchie genutzt. Als im März 1939 die deutschen Nationalsozialisten einmarschierten, legte die Prager Gestapo in der so genannten Kleinen Festung ein Polizeigefängnis an, in dem sie Antifaschisten internierte – meist Kommunisten. In der Hauptfestung, der eigentlichen Stadt, entstand im Juni 1940 ein Ghetto für Juden, das zugleich Konzentrationslager war. Die ursprünglichen Einwohner wurden ausgesiedelt.

Theresienstadt wurde zu einer Stadt hinter Gittern und erfüllte für die Nazis bei der »Endlösung der Judenfrage«, dem Holocaust, drei Aufgaben: Zum einen war Terezín, so der tschechische Name, ein Transitlager auf dem Weg in die Vernichtungslager Auschwitz und Treblinka. Zum anderen diente es zur Dezimierung der Häftlinge – fast ein Fünftel der Inhaftierten starb an Hunger und Epidemien. Das Perfide: Gleichzeitig nutzten die Nazis Terezín für ihre Propaganda. Sie stellten es als idyllisches »Altersghetto« für prominente und wohlhabende Juden aus ganz Europa dar. Auch eine Delegation des Roten Kreuzes ließ sich 1944 täuschen, als sie für sechs Stunden das KZ besuchte und den mit vorgehaltenen Waffen gedrehten Propagandafilm »Der Führer baut den Juden eine Stadt« vorgesetzt bekam.

Bis zur Befreiung am 20. April 1945 wurden etwa 140 000 Männer, Frauen und Kinder aus dem besetzten Europa nach Theresienstadt deportiert und mussten hier in qualvoller Enge Zwangsarbeit leisten, bis sie per Viehwagon in Todeslager transportiert wurden. Terezín liegt heute unmittelbar an der Europastraße E 55 von Prag nach Dresden. Per Zug ist der Ort über das benachbarte Litoměřice (Leitmeritz) zu erreichen, vom Prager Bahnhof Florenc (Metro B, C) fahren mehrere Busse täglich hin. Die Fahrt dauert etwa 45 Minuten. Wer Terezín besucht, erwartet etwas Schreckliches. Aber vor dem Areal stehen meist Touristenbusse, Snackbars sowie Zigaretten- und Getränkekioske. Führungen gehen durch die ehemalige Bahnhofstraße und die Bäckerstraße (die Nazis simulierten mit den Namen deutsche Kleinstadtbiederkeit) in die Hauptfestung, vorbei an unscheinbaren Sackgassen: es sind die Bahngleise, von denen einst die Todestransporte abfuhren.

Außer den grausamen Exponaten des Stadtmuseums und den leer stehenden Kasernen erinnert heute wenig an die Vergangenheit – Terezín will eine normale Stadt sein; in den Wohnhäusern leben tschechische Familien, nachdem hier lange die Rote Armee stationiert war. Aber wird Terezín je eine »normale Stadt in Böhmen« sein?

KZ-Gedenkstätte in Theresienstadt

Angesagt!

Events, Meetings und Aktionen, die Sie kennen und nicht verpassen sollten

Hüfte
Jeden Samstag ertönen in der Lucerna-Bar die unschlagbaren Hits der 1980er-Jahre – die Prager Jugend feiert eine Ära, die sie nur aus dem kommunistischen Feindsender »Radio Luxemburg« kennt. *Lucerna-Passage, Václavské náměstí*

Dichterlesung im Club

Kopf
Wenn alle Bücher gedruckt würden, deren Erscheinen im Club Radost FX angekündigt wird, müsste man zur Papierherstellung den ganzen Böhmerwald abholzen. Bei vielen Werken bleibt es zum Glück bei der Idee, andere werden tatsächlich herausgegeben und begründen eine Autorenkarriere. So oder so lohnt sich eine Teilnahme an den Literarische Salons (Slam-Sessions) des Clubs – englische Sprachkenntnisse sind allerdings Voraussetzung. *Bělěhradská 120*

Bauch
»Prag, offene Stadt« – das gilt vor allem für Prags Musikclubs und ihre »Open Mic«-Abende (»Offene Mikrophone«). Besser besucht als reguläre Konzerte sind in manchen Clubs die »Jam Sessions«, zu denen Besucher aus aller Herren Länder kurzerhand mit ihren Instrumenten die Bühne besteigen und aus dem Bauch heraus loslegen *(z.B. dienstags im Vagon, Národní trída 25)*. Es muss ja nicht immer »Yesterday« auf der Karlsbrücke sein.

Fersen
Immer mehr Tschechen machen es ihrem Schutzpatron Wenzel nach, der am Kopf des Wenzelsplatzes über sein Volk wacht, und setzen sich aufs hohe Ross. Reiten wird beliebter in Böhmen und Mähren, und auch in Prag haben sich längst moderne Ställe mit erzogenen Vierbeinern und qualifiziertem Personal etabliert – vergessen Sie den Zuckerwürfel zur Belohnung nicht. *(z. B. Reitstall Baudič, Zadni Kopanina 3, oder Reitstall Respin, Trojskě ostrov 37)*

Von Anreise bis Zoll

Hier finden sie kurz gefasst die wichtigsten Adressen und Informationen für Ihre Pragreise

ANREISE

Auto

Aus Richtung Nürnberg führt ab dem Grenzübergang Waidhaus/Rozvadov eine Autobahn über Plzĕn (Pilsen) nach Prag (gebührenpflichtig), aus Richtung Dresden windet sich eine Schnellstraße vom Grenzübergang Zinnwald an Elbe und Moldau entlang, und aus Richtung Österreich ist die schnellste Verbindung die Bundesstraße über České Budějovice (Budweis). Autobahnbenutzer müssen eine Vignette kaufen (800 Kč für PKW).Von Frankfurt/Main, Zürich und Wien gehen mehrmals täglich Flüge nach Prag, von Berlin und Hamburg täglich außer samstags.

Bahn

Von Frankfurt/Main fahren mehrere Züge täglich (8 Stunden), ebenso von München (6 Stunden) und Berlin (5 Stunden). Eine Hin- und Rückfahrt von Frankfurt kostet etwa 130 Euro, von München knapp 95 Euro. Die Züge enden am zentralen Hauptbahnhof, einige auch schon an der Vorortstation Nádraží Holešovice. Beide haben Metroverbindung zum Zentrum.

Bus

Zwischen einigen deutschen Städten und Prag bestehen regelmäßige Busverbindungen. Sie sind nicht gerade bequem, aber billig und äußerst unfallsicher und enden an einem der großen Busbahnhöfe in Prag. Vorsicht aber vor Passagieren, für die man »etwas für Verwandte« mitnehmen soll. Oft genug handelt es sich bei diesen Dingen um grenzüberschreitende Schmuggelware.

Flugzeug

Prags Flughafen Ruzyně liegt 16 km vor der Stadt. Tagsüber fährt von dort etwa jede halbe Stunde ein Linienbus ins Zentrum (Fahrpreis 12 Kč), einige Fluglinien und größere Hotels bieten außerdem Pendeldienste an. Die Fahrt mit dem Taxi ins Zentrum kostet 400 Kč, mit dem Bus 12 Kč.

AUSKUNFT VOR DER REISE

Čedok Deutschland

Leipziger Straße 60, 10117 Berlin, Tel. 030/200 46 44, Fax 204 46 23 und Kaiserstraße 54, 60329 Frankfurt, Tel. 069/274 01 70, Fax 23 58 90

Čedok Österreich

Parkring 10, 1010 Wien 1, Tel. 01/51 24 37 20, Fax 55 12 43 72 85

Čedok Schweiz

Uraniastrasse 34, 8025 Zürich, Tel. 01/221 31 31, Fax 221 31 41

AUSKUNFT IN PRAG

Pražská informační služba PIS (Prager Informationsdienst)
Na příkopě 20 **[111 F5]** *und Staroměstské náměstí 24* **[111 E5]**, *Mo–Fr 9–18 Uhr, Sa/So 9–17 Uhr, Tel. 124 44*

AUTO

In Tschechien herrscht absolutes Alkoholverbot sowie Gurtpflicht (für Motorradfahrer Helmpflicht). Innerhalb geschlossener Ortschaften beträgt die Höchstgeschwindigkeit 50 km/h, außerhalb 90 km/h, auf Autobahnen 130 km/h.

Im Zentrum von Prag gibt es fast nur Parkplätze für Anwohner, Falschparker müssen mit einem saftigen Bußgeld rechnen (bis zu 5000 Kč). Eine Alternative zu den teuren Parkdecks (600 Kč/24 Stunden) sind bewachte Parkplätze (etwa 20 Kč/Stunde). Ein Parkhaus gibt es z. B. am *náměstí Jana Palacha*, Einfahrt von der *Dvořákovo nábřeží* (etwa 1000 Kč für 24 Std.) Ein Lenkradschloss sollte Standard sein.
Mitfahrzentrale: Town To Town, Národní třída 9 **[111 E6]**, *Tel. 22 07 54 07, Metro: Národní třída (B)*

BANKEN & GELDWECHSEL

Fast alle Hotels, Geschäfte und Restaurants akzeptieren Kreditkarten. Zum Bargeldtausch in einer Bank benötigt man den Personalausweis. Wechselstuben verlangen horrende Gebühren. Im Zentrum sind einige Geldautomaten vorhanden.

Notfallnummern für verlorene Kreditkarten
American Express: Tel. 24 19 44 00; Visa: Tel. 24 12 53 53; Di-

ners Club: Tel. 673 14 48; Eurocard, Mastercard: Tel. 4 42 31 35

DIPLOMATISCHE VERTRETUNG

Deutsche Botschaft **[110 B5]**
Vlašská 19, Praha 1, Tel. 57 11 31 11, Metro: Malostranská (A)

Österreichische Botschaft **[114 C3]**
Viktora Huga 10, Praha 5, Tel. 57 32 12 82, Metro: Anděl (B)

Schweizer Botschaft **[110 A3]**
Pevností 7, Praha 6, Tel. 24 31 12 28, Metro: Dejvická (A)

EINREISE

Zur Einreise nach Tschechien benötigen Deutsche einen Personalausweis, Österreicher und Schweizer einen Reisepass. Vor Reiseantritt die Gültigkeit prüfen – die Zollbeamten machen keine Ausnahme!

FLUGGESELLSCHAFTEN

Austria Airlines, *Revoluční 15* **[111 F4]**, *Tel. 231 18 72*
ČSA, K Letišti **[O]**, *Tel. 20 11 11 11*
Lufthansa, *Aviatická 1048* **[O]**, *Tel. 20 11 60 65*
Swiss Air, *Pařížská 11* **[112 B4]**, *Tel. 24 81 21 11*

FUNDBÜRO

Karolíny Světlé 5 **[112 B5]**, *Tel. 24 23 50 85, Metro: Národní třída (B)*

GESUNDHEIT

Der Erste-Hilfe-Dienst steht im Notfall zur Verfügung, die Behandlung ist kostenlos. *Nachtdienst-Apotheke: Lékárna, Na příkopě 7* **[111 F5]**, *Tel. 24 21 02 29. Krankenhaus: fremdsprachiger Dienst im Hospital Na Homolce, Roentgenova 2* **[O]**, *Tel. 52 92 21 44, ab Metrostation Anděl (Linie B) mit Bus 167 bis Endstation; Zahnärztlicher Notdienst: Palackého 5* **[116 A2]**, *Tel. 24 21 60 32*

Was kostet wie viel?

Taxi	**70 Cent** pro Kilometer
Kaffee	**1,20 Euro** für einen Becher
Wasser	**70 Cent** für ein Mineralwasser
Wein	**ab 1,80 Euro** für ein Glas Wein
Fahrkarte	**35 Cent** für einen Einzelfahrschein
Briefmarke	**26 Cent** für eine Postkarte in die EU

INTERNET

Das World-Wide-Web hat sich in den vergangenen Jahren in Windeseile über Prag gespannt. Mit großer Selbstverständlichkeit tragen heute Firmen und Institutionen eine www-Adresse im Briefkopf. Wer sich im Internet auf seinen Pragbesuch vorbereiten will, kann dies unter *www.pis.cz* tun, der offiziellen Site der Stadtverwaltung. Allgemeine touristische Informationen finden Sie ebenfalls unter *www.prag.cz.* Auch der Präsident hat übrigens seine Adresse: *www.hrad.cz.* Unter *www.citygallerypra gue.cz* und *www.ngprague.cz* sind Informationen über Ausstellungen zu finden. Musikliebhaber seien verwiesen an *www.czechphil harmonic.cz* und *www.pragueau tumn.cz.*

INTERNETCAFÉS

In Prag stehen zahlreiche Terminals in Internetcafés zur Verfügung, zum Beispiel im *Com (Na poříčí 56* **[113 D4]***)*, in der *Cybeteria (Štěpánska 18* **[116 A2]***)* und im *Obecní dům (Náměstí Republiky 5* **[112 C4]***)*.

KARTENVORVERKAUF

Hier bekommen Sie Karten für Karel Gotts Weihnachtskonzerte ebenso wie Tickets fürs Theater. Aber nicht nur, wenn die Rolling Stones an die Moldau kommen, sollte man die Kassen rechtzeitig aufsuchen: Die Prager kaufen ihre Karten früh.

Lucerna-Passage, Štěpánska 61 **[116 A1]**

Grossmann-Passage, Václavské náměstí 44 **[116 B1]**

Čedok, Na příkopě 18 **[111 F5]**

KLIMA

Prag hat ein subozeanisches Klima, das dem in Süddeutschland ähnelt. Der Winter ist meist mäßig kalt, der Sommer warm und mild. Im Herbst und Frühling kommt es häufig zu starkem Westwind und zu zahlreichen Niederschlägen.

LITERATUR

Michael Adams: »Ich ging nach einem Regen«, tolle Fotos und Texte gleichermaßen; Peter Sacher: »Prag erzählt«, Eindrücke tschechischer Autoren; Angelo Maria Ripel-

Wetter in Prag

	Jan.	Feb.	März	April	Mai	Juni	Juli	Aug.	Sept.	Okt.	Nov.	Dez.
Tagestemperaturen in °C	1	3	9	14	19	23	25	24	21	13	7	2
Nachttemperaturen in °C	–4	–3	0	4	9	12	14	14	10	6	2	–2
Sonnenschein Std./Tag	2	3	4	6	8	8	8	8	6	4	1	1
Niederschlag Tage/Monat	6	5	6	8	9	9	9	9	7	7	6	7

lino: »Magisches Prag«, Geschichte und Geschichten

NOTRUF

Feuerwehr: *Tel. 150*
Pannenhilfe: *Tel. 123*
Polizei: *Tel. 158 (gebührenfrei)*
Rettungsdienst: *Tel. 155*

ÖFFENTLICHE VERKEHRSMITTEL

Im öffentlichen Personennahverkehr können gleiche *jízdenky* (Fahrkarten) für Straßenbahn, Metro und Bus benutzt werden. Wer nicht umsteigt und nicht länger als 15 Minuten fährt, zahlt 8 Kč. Für alle anderen gilt das Ticket zu 12 Kč. Vor der Fahrt muss am Eingang gestempelt werden. Normale Fahrkarten gibt es per Automat an der Haltestelle oder bei den Kiosken. Verschiedene Netz- und Tageskarten sind in der Verkehrszentrale erhältlich *(24-Stunden-Ticket 70 Kč, drei Tage 180 Kč, sieben Tage 250 Kč, U-Bahn-Station Muzeum)*. Schwarzfahren kostet zwischen 200 und 400 Kč, die Kontrollen sind häufig. Vorsicht vor Taschendieben. Die *tramvai* (Straßenbahn) verkehrt bis in die Vorstädte, die Hauptstrecken werden nachts von den 50er-Linien befahren, die zentrale Station ist *Lazarská*). Die Metro verkehrt zwischen 5 und 24 Uhr.

POST

Hauptpost: *Jindřišská 14* **[116 B1]**, *Tel. 21 13 14 45, Tgl. 7–20 Uhr, Metro: Můstek (A, B)*; Nachtdienst: *Hybernská 15* **[113 D4]**, *Tel. 24 21 97 15, Metro: Náměstí Republiky (B)*. Eine Ansichtskarte ins europäische Ausland kostet 9 Kč, Briefe bis 20 g 10 Kč.

€	Kč
1	34,12
2	68,24
3	102,36
4	136,48
5	170,60
7	238,84
8	272,96
9	307,08
10	341,20

Kč	€
10	0,29
20	0,59
25	0,73
30	0,88
40	1,17
50	1,49
70	2,05
80	2,34
90	2,64

PREISE & WÄHRUNG

100 tschechische Kronen (Kč) entsprechen knapp 3 Euro. Es gibt Münzen zu 10, 20 und 50 Heller (100 Heller sind 1 Krone) sowie Münzen zu 1, 2, 5, 10, 20 und 50 Kronen. Banknoten sind in Scheinen zu 20, 50, 100, 200, 500, 1000, 2000, 5000 und 10 000 Kč erhältlich.

Prag ist für westliche Touristen immer noch günstig. Unterschätzen Sie aber nicht die Geschäftsleute im Zentrum: In den Restaurants, Hotels und Läden dort zahlen Sie Großstadtpreise. Stabil und günstig sind die Preise für Kultur: Kino und Museum kosten etwa 80 Kč, für gutes Theater oder ein Konzert sollte man 500 Kč rechnen.

STADTFÜHRUNGEN

Offizielle Fremdenführer und Rundfahrten kann man beim Prager Informationsdienst PIS buchen. Zahlreiche Reisebüros in der Stadt bieten nahezu identische Ausflüge zu recht unterschiedlichen Preisen an – ein Vergleich der verschiedenen

Offerten lohnt sich in jedem Fall. Größte Anbieter sind das *Prague Tourist Centre, Ecke Rytířská/Na můstku* **[112 C5]**, *Tel. 24 21 22 09*, sowie *Martin Tour, Štěpánská 61* **[116 A2]**, *Tel. 24 21 24 73*. Über alternative Stadtrundgänge informieren Plakate (auch in Deutsch und Englisch) im Zentrum. Treffpunkt ist der *Pulverturm* am *Náměstí Republiky*. Ein besonderes Erlebnis ist Prag vom Schiff aus. Plätze können direkt am Kai *(Rašínovo nábřeží)* oder bei *Čedok, Bílkova 6* **[112 B3]**, *Tel. 231 82 55*, gebucht werden.

TAXI

Trotz des 2000 eingeführten Tarifs von 22 Kč pro Kilometer verlangen viele Fahrer immer noch Phantasiesummen. Man sollte sich nicht auf das Taxameter verlassen und den Preis unbedingt vorher aushandeln. Ein Anhaltspunkt: Kosten von über 1000 Kč sind in Prag regulär nicht zu erzielen. Bei Betrugsverdacht sollten einfach die Zahlung verweigern, oder zumindest eine Quittung für die Polizei verlangen.

TELEFON & HANDY

Achtung: In Tschechien ändern sich im Zuge der Angleichung an EU-Normen im Herbst 2002 fast alle Telefonnummern. Die Umstellung soll in der Nacht vom 21. auf den 22. September erfolgen. Ausgenommen von dem Wechsel sind lediglich die Nummern der Rettungsdienste und Mobiltelefone.

Die Vorwahl nach Deutschland lautet 0049, nach Österreich 0043, in die Schweiz 0041, nach Prag 00420/2. Telefonkarten *(telefoni carty)* gibt es bei der Post *(pošta)* und in Kiosken und Tabakläden *(trafika)*. Zwischen 17 und 7 Uhr sowie am Wochenende bietet die tschechische Telecom den günstigen Xcall mit der Zusatzvorwahl 052 an – beispielsweise telefoniert man dann unter 052-49 für etwa sechs Kronen pro Minute nach Deutschland. Handybenutzer benötigen wegen des oft üblichen Erdungsstifts in der Steckdose für manche Aufladegeräte einen Adapter. In Tschechien sorgen überwiegend die Anbieter *Paegas (Tel. 0603/60 46 05) und Euro-Tel (Tel. 67 01 67 01)* für Deckung (»Roaming«). Wenn Sie vom Ausland aus telefonieren, kommen zu den örtlichen Gesprächspreisen meist ein pauschaler Roamingaufschlag und die Mehrwertsteuer hinzu. Wenn Sie im Ausland angerufen werden, tragen Sie die – nicht immer niedrigen – Kosten für die Verbindung vom Heimatnetz ins Ausland.

VERANSTALTUNGSKALENDER

Donnerstags erscheinen die deutschsprachige »Prager Zeitung« sowie die englischsprachige »Prague Post« mit einem kompletten Veranstaltungsprogramm. In vielen Gaststätten und in PIS-Filialen liegen außerdem Gratismagazine aus.

ZOLL

Bei der Ausreise aus Tschechien sind pro Erwachsener zollfrei: 1 l Spirituosen, 2 l Wein sowie 250 Zigaretten oder 250 g Tabakwaren oder 25 Zigarren. An fast allen Grenzübergängen stehen mittlerweise Dutyfreeshops.

Mluvíš česky?

»Sprichst du Tschechisch?«
Dieser Sprachführer hilft Ihnen, die wichtigsten Wörter und Sätze auf Tschechisch zu sagen

Zur Erleichterung der Aussprache sind alle tschechischen Wörter mit einer einfachen Aussprache (in eckigen Klammern) versehen.
' vor einer Silbe bedeutet, dass die nachfolgende Silbe betont wird.

AUF EINEN BLICK

Ja./Nein.	Ano. ['ano]/Ne. [nä]
Bitte.	Prosím. ['prossihm]
Danke.	Děkuji. ['djäkuji]
Gern geschehen.	Rádo se stalo. ['rahdo ssä 'stalo]
Können Sie mir bitte helfen?	Prosím vás, můžete mi pomoci? ['prossihm was 'muschätä mi 'pomotsi]
Hilfe!	Pomoc! ['pomots]
Ich möchte ...	Chtěl/-a bych ... ['chtjäl/-a bich]
Haben Sie ...?	Máte ...? ['mahtä]
Wie viel kostet es?	Kolik to stojí? ['kolik to 'stojih]
Wie viel Uhr ist es?	Kolik je hodin? ['kolik jä 'hodjin]
Entschuldigung!	Promiňte! ['prominjtä]
Wie bitte?	Prosím? ['prossihm]
Ich verstehe Sie/dich nicht.	Nerozumím vám/ti. ['närosumihm wahm/tji]

KENNENLERNEN

Guten Morgen!	Dobré jitro! ['dobräh 'jitro]
Guten Tag!	Dobrý den! ['dobrih 'dän]
Guten Abend!	Dobrý večer! ['dobrih 'wätschär]
Hallo! Grüß dich!	Ahoj! [a'hoj]
Wie ist Ihr Name, bitte?	Jaké je vaše jméno, prosím? ['jakäh jä 'waschä 'mähno 'prossihm]
Mein Name ist ...	Jmenuji se ... ['mänuji ssä]
Ich bin aus ...	Jsem z ... ['ssäm s]
Wie geht es Ihnen/dir?	Jak se máte/máš? ['jäk ssä 'mahtä/'mahsch]
Danke. Und Ihnen/dir?	Děkuji. A vy/ty? ['djäkuji a 'wi/ti]
Auf Wiedersehen!	Na shledanou! ['nas chlädanou]
Tschüss!	Ahoj! [a'hoj]

Auskunft

Wie komme ich zur Autobahn nach …?	Jak se dostanu na dálnici na …? ['jak ssä 'dostanu 'nadahlnjitsi 'na]
Immer geradeaus bis …	Pořád rovně až … ['porschaht 'rownjä asch]
Dann links/rechts abbiegen.	Potom odbočte (zahněte) do leva/ do prava. ['potom 'odbotschtä ('sahnjätä) 'doläwa/'doprawa]
Bitte, wo ist …?	Prosím vás, kde je …? ['prossihm 'wahs gdä jä]
Wie weit ist das?	Jak je to daleko? ['jak jä to 'daläko]

Panne

Ich habe eine Panne.	Měl/-a jsem poruchu. ['mnjäl/-a ssäm 'poruchu]
Können Sie mal nachsehen?	Můžete se na to podívat? ['muhschätä ssä 'nato 'podjihwat]
Wo ist hier in der Nähe eine Werkstatt?	Je tady někde blízko autoopravna? ['jä 'tadi njägdä 'blihsko 'auto,oprawna]
Würden Sie mich bis zur nächsten Werkstatt abschleppen?	Odtáhl/-a byste mě k nejbližší dílně? ['otahch/'otahhla 'bistä mnjä 'knäjblischih 'djihlnjä]

Tankstelle

Ich möchte … Liter …	Chtěl/-a bych … litrů. ['chtjäl/-a bich … litruh]
… Normalbenzin.	… benzínu speciál. ['bänsihnu 'spätsijahl]
… Super.	… benzínu super. ['bänsihnu 'ssupr]
… Diesel.	… nafty. ['nafti]
… bleifrei/verbleit/ mit … Oktan.	… naturalu/s olovem/ …-oktanového. ['naturahlu/'ss olowäm'/…-okta no wähho]
Voll tanken, bitte.	Plnou (nádrž) prosím. ['plnou ('nahdrsch) 'prossihm]

Unfall

Es ist ein Unfall passiert!	Stala se nehoda! ['stala ssä 'nähoda]
Rufen Sie bitte schnell …	Zavolejte prosím rychle … ['sawoläjtä 'prossihm 'richlä]
… einen Krankenwagen.	… sanitku. ['sanitku]
… die Polizei.	… policii. ['politsiji]
… die Feuerwehr.	… požárníky. ['poschahrnjihki]
Es war meine/Ihre Schuld.	Byla to moje/vaše vina. ['bila to 'mojä/'waschä 'wina]

Geben Sie mir bitte Ihren Namen und Ihre Anschrift.	Napište mi prosím své jméno a adresu. ['napischtä mi 'prossihm swä 'mähno a 'adrässu]
Vielen Dank für Ihre Hilfe.	Děkuji vám za pomoc. ['djäkuji wahm 'sapomots]

ESSEN

Wo gibt es hier …	Kde je tady … ['gdä jä 'tadi]
… ein gutes Restaurant?	… nějaká dobrá restaurace? ['njäjakah 'dobrah 'rästauratsä]
… ein typisches Restaurant?	… typická restaurace? ['tipitskah 'rästauratsä]
Reservieren Sie uns bitte für heute Abend einen Tisch für vier Personen.	Rezervujte nám prosím na dnes večer stůl pro čtyři osoby. ['räsärwujtä nahm 'prossihm 'nadnäs ' wätschär stuhl 'proschtirschi 'ossobi]
Welches sind die typischen Gerichte der tschechischen Küche?	Jaká jsou typická česká jídla? ['jakah ssou 'tipitskah 'tschäskah 'jihdla]
Ich nehme …	Dal/-a bych si … ['dal/-a bich ssi]
Auf Ihr Wohl!	Na vaše zdraví! ['nawaschä 'sdrawih]
Das habe ich nicht bestellt.	To jsem si neobjednal/-a. ['to ssäm ssi 'näobjädnal/-a]
Bezahlen, bitte.	Platit prosím. ['platjit 'prossihm]
Hat es geschmeckt?	Chutnalo vám? ['chutnalo wahm]
Das Essen war ausgezeichnet.	Bylo to výborné. ['bilo to 'wihbornäh]

ÜBERNACHTUNG

Können Sie mir bitte … empfehlen?	Můžete mi prosím doporučit … ['muhschätä mi 'prossihm 'doporutschit]
… ein gutes Hotel …	… nějaký dobrý hotel? ['njäjakih 'dobrih 'hotäl]
… eine Pension …	… penzión ['pänsijon]?
Haben Sie noch Zimmer frei?	Máte ještě volné pokoje? ['mahtä '(j)äschtjä 'wolnäh 'pokojä]
Ein Einzelzimmer …	Jednolůžkový … ['jädno'luhschkowih]
Ein Zweibettzimmer …	Dvoulůžkový … ['dwou'luhschkowih]
… mit Dusche/Bad.	… se sprchou/s koupelnou. ['ssäsprchou/'skoupälnou]
… für eine Nacht.	… na jednu noc. ['najädnu 'nots]
… für eine Woche.	… na týden. ['natihdän]
Was kostet das Zimmer mit …	Kolik stojí pokoj … ['kolik 'stojih 'pokoj]
… Frühstück?	… se snídaní? ['säsnjihdanjih]
… Halbpension?	… s polopenzí? ['spolopänsi]

PRAKTISCHE INFORMATIONEN

Arzt

Können Sie mir einen guten Arzt empfehlen?	Můžete mi doporučit nějakého dobrého lékaře? ['muhschätä mi 'doporutschit 'njäjakähho 'dobrähho 'lähkarschä]
Ich habe hier Schmerzen.	Mám bolesti tady. ['mahm 'bolästji 'tadi]
Ich habe Fieber.	Mám horečku. ['mahm 'hörätschku]

Bank

Wo ist hier bitte …	Kde je tady …['gdä jä 'tadi]
… eine Bank?	… banka? ['banka]
… eine Wechselstube?	… směnárna prosím? ['smnjänahrna 'prossihm]
Ich möchte … Euro (Schweizer Franken) in Kronen wechseln.	Chtěl/-a bych si vyměnit … euro (švýcarských franků) na koruny. ['chtjäl/-a bichsi 'wimnjänjit … 'äwro (schwihtsarskihch frankuh) 'nakoruni]

Post

Wie viel kommt auf	Kolik se dává ['kolik ssä 'dahwah]
… einen Brief …	… na dopis ['nadopis] …
… eine Postkarte …	… na lístek ['nalistäk] …
nach Deutschland?	do Německa? ['donjämätska]

ZAHLEN

0	nula ['nula]	18	osmnáct ['ossumnahtst]
1	jeden (m)/jedna (f) [jädän/'jädna]	19	devatenáct ['däwatänahtst]
2	dva m ['dwa], dvě f ['dwjä]	20	dvacet [dwatsät]
3	tři ['trschi]	21	dvacet jedna ['dwatsät 'jädna]
4	čtyři ['schtirschi]	30	třicet ['trschitsät]
5	pět ['pjät]	40	čtyřicet ['schtirschitsät]
6	šest [schäst]	50	padesát ['padässaht]
7	sedm ['ssädum]	60	šedesát [schädässaht]
8	osm ['ossum]	70	sedmdesát ['ssädumdässaht]
9	devět ['däwjät]	80	osmdesát ['ossumdäsaht]
10	deset ['dässät]	90	devadesát ['däwadässaht]
11	jedenáct ['jädänahtst]	100	sto ['sto]
12	dvanáct ['dwanahtst]	200	dvě stě ['dwjä 'stjä]
13	třináct ['trschinahtst]	300	tři sta ['trschi 'sta]
14	čtrnáct ['schtrnahtst]	1000	tisíc ['tjissihts]
15	patnáct ['patnahtst]	2000	dva tisíce ['dwa 'tjissihtsä]
16	šestnáct ['schästnahtst]	10000	deset tisíc ['dässä'tjissihts]
17	sedmnáct ['ssädumnahtst]	1/2	půl [puhl]
		1/4	čtvrt [(t)schtwrt]

Cityatlas Prag

Die Seiteneinteilung für den Cityatlas finden
Sie auf dem hinteren Umschlag dieses Reiseführers

KARTENLEGENDE CITYATLAS

Dálnice Motorway	Autobahn Autoroute
Čtyřstopá silnice Road with four lanes	Vierspurige Straße Route à quatre voies
Hlavní dálkova silnice Trunk road	Fernstraße Route à grande circulation
Hlavní silnice Main road	Hauptstraße Route principale
Ostatní silnice Other roads	Sonstige Straßen Autres routes
Jednosměrná ulice - Informace One way road - Information	Einbahnstraße - Information Rue à sens unique - Information
Pěší zona Pedestrian zone	Fußgängerzone Zone piétonne
Hlavní železnice Main railway	Hauptbahn Chemin de fer principal
Stanice Station	Bahnhof Gare
Přistaviště Landing place	Anlegestelle Embarcadère
Metro Subway	U-Bahn Métro
Tramvaj Tramway	Straßenbahn Tramway
Zajímavé kostely - ostatní kostely - Synagoga Church of interest - other churches - Synagogue	Sehenswerte Kirche - Sonstige Kirchen - Synagoge Église remarquable - Autres églises - Synagogue
Pomník - Policie - Mládežnická ubytovna Monument - Police station - Youth hostel	Denkmal - Polizeistation - Jugendherberge Monument - Poste de police - Auberge de jeunesse
Věž - Vysílač nebo televizní vysílač Tower - Radio tower	Turm - Funkturm Tour - Tour radio
Nemocnice - Poštovní úřad - Hotel Hospital - Post office - Hotel	Krankenhaus - Postamt - Hotel Hôpital - Bureau de poste - Hôtel
Zastavěná plocha - Veřejná budova Built-up area - Public building	Bebauung - Öffentliches Gebäude Zone bâtie - Edifice public
Průmyslová plocha Industrial area	Industriegebiet Zone industrielle
Park, les Park, forest	Park, Wald Parc, bois
Vinice Vineyard	Weinberg Vignoble

Marco Polo Spaziergänge

1 Der nostalgische Hauch der Prager Passagen

2 Schon ganz schön alt: Die Neustadt des Kaisers

3 Der Petřín-Hügel: Grüner Fluchtpunkt für Stadtmüde

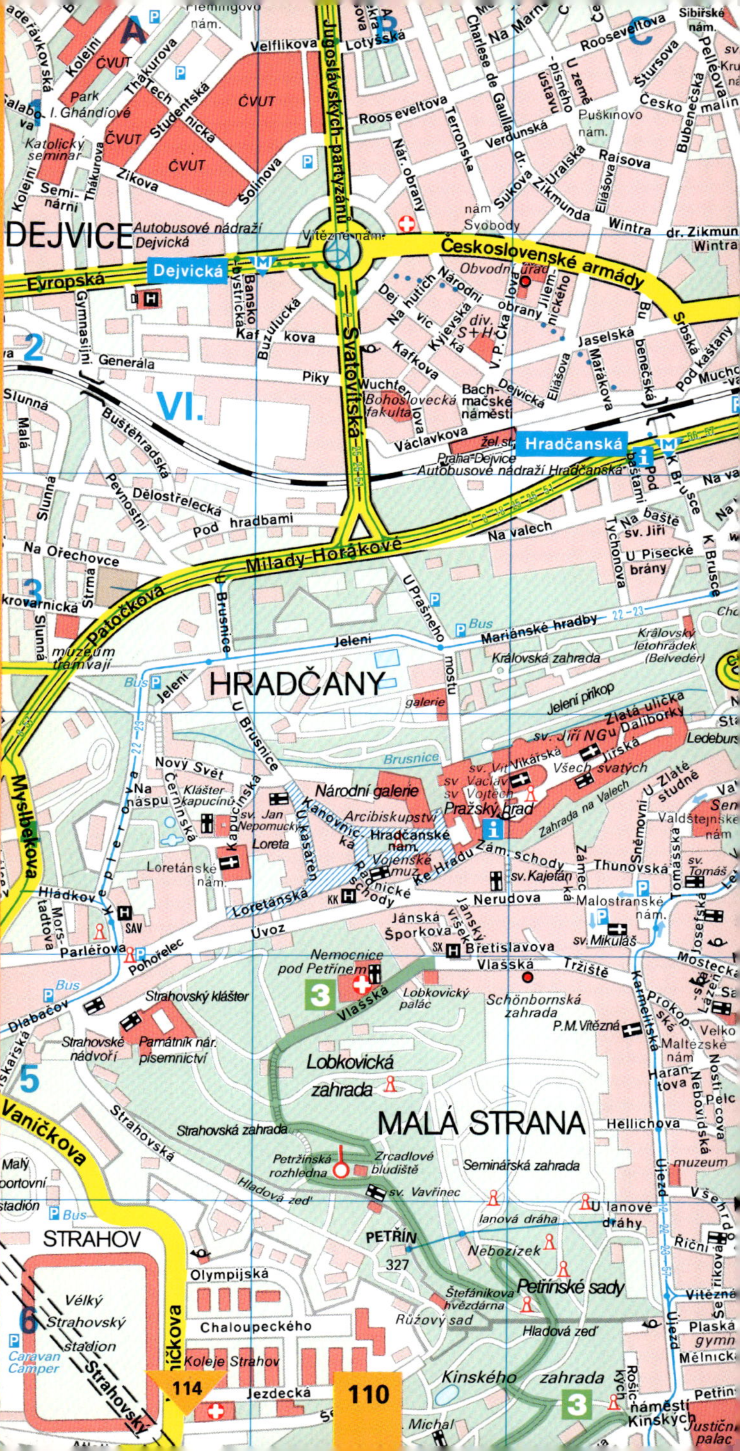
DEJVICE
HRADČANY
MALÁ STRANA
STRAHOV
PETŘÍN
327
VI.
Dejvická
Hradčanská
Autobusové nádraží Dejvická
Autobusové nádraží Hradčanská
Praha-Dejvice
žel.st.
Vítězné nám.
Evropská
Československé armády
Jugoslávských partyzánů
Svatovítská
Milady Horákové
Patočkova
Myslbekova
Vaníčkova
Velflíkova
Lotyšská
Flemingovo nám.
Roosevelova
Sibiřské nám.
Na Marně
Charlese de Gaulla
U zeměpisného ústavu
Puškinovo nám.
Terronská
Verdunská
Nár. obrany
Sukova
Uralská
dr. Zikmunda Wintra
Eliášova
Raisova
nám. Svobody
Česko malínská
Šturcova
Pelléova
Bubenečská
Thákurova
Technická
Studentská
Šolínova
Zikova
Koleje
Park I. Ghándího
Katolický seminář
Seminární
ČVUT
Kolejní
Gymnasijní
Generála Piky
Bubulucká
Banskobystrická
Kafkova
Dejvická
Na hutích
Národní obrany
Kyjevská
Čkalova
V. P. Čkalova
Jilemnického
Obvodní úřad
div. S+H
Bohoslovecká fakulta
Bachmačské náměstí
Wuchterlova
Václavkova
Jaselská
Mařákova
Srbská
Pod kaštany
Mucho
Buštěhradská
Slunná
Malá
Pevnostní
Dělostřelecká
Pod hradbami
Na Ořechovce
Strmá
Skorvarnická
muzeum tramvají
U Brusnice
U Prašného mostu
Pod baštami
K Brusce
Na valech
Na baště sv. Jiří
Tychonova
U Písecké brány
Mariánské hradby
Jelení
Královská zahrada
Královský letohrádek (Belvedér)
galerie
Jelení příkop
Zlatá ulička
u Daliborky
sv. Jiří
Vikářská
Jiřská
Všech svatých
Ledebur
Brusnice
Národní galerie
Pražský hrad
sv. Vít
sv. Václav
sv. Vojtěch
Arcibiskupství
Hradčanské nám.
Vojenské muz.
Kanovnická
Ke Hradu
Zám. schody
Zahrada na Valech
U Zlaté studně
Valdštejnské nám.
Sněmovní
Thunovská
Zámecká
sv. Kajetán
Nerudova
Malostranské nám.
sv. Mikuláš
Tomášská
sv. Tomáš
Josefská
Nový Svět
Černínská
Na Náspu
Klášter kapucínů
Kapucínská
sv. Jan Nepomucký
Loreta
Loretánské nám.
Loretánská
Úvoz
Radnické schody
Kepplerova
Hládkov
Morstadtova
Parléřova
Pohořelec
Jánská
Janský vršek
Šporkova
Břetislavova
Vlašská
Tržiště
Nemocnice pod Petřínem
Lobkovický palác
Schönbornská zahrada
P.M. Vítězná
Karmelitská
Prokopská
Mostecká
Maltézské nám.
Velkopřevorské
Haranova
Nebovidská
Pelclova
Nosticova
Hellichova
Dlabačov
Strahovský klášter
Strahovské nádvoří
Památník nár. písemnictví
Lobkovická zahrada
Strahovská zahrada
Strahovská
Hladová zeď
Petřínská rozhledna
Zrcadlové bludiště
Seminářská zahrada
sv. Vavřinec
lanová dráha
U lanové dráhy
Nebozízek
Petřínské sady
Štefánikova hvězdárna
Růžový sad
Újezd
muzeum
Všehrdova
Říční
Šeříková
Vítězná
Plaská
gymn
Mělnická
Malý sportovní stadión
Velký Strahovský stadion
Olympijská
Chaloupeckého
Koleje Strahov
Jezdecká
Caravan Camper
Kinského zahrada
Rošických
náměstí Kinských
Petřín
Justiční palác
sv. Michal
Bus
SAV
Ch

114

D
E
F
BUBENEČ
Místodržitelský letohrádek
stará restaurace
Stromovka
domek u Rudolfovy štoly
Planetárium
Výstaviště Praha
Pavilón
300 m
Gotthardská
Wolkerova
nám. Pod kaštany
K St. Bubenči
Pod kaštany
Korunovační
Královská
oborou
VII.
AVU
Gerstnerova
U akademie
Umělecká
1
Rollanda
V tišině
Romaina
Na Zátorce
Pětidomí
Nad
Ha vanská
Zájice
Sládkova
Čechova
Šmeralova
SPL
Ovenecká
Sochařská
U studánky
Malířská
Kamenická
Haškova
Veletržní
Sportovní hala Sparta
U Sparty
Jana
Stadión Sparta Praha
Na výšinách
U letenské vodárny
Letenské nám.
Milady Horákové
U Vorlíků
Za Zátorce
Jirečkova
Dobrovského
Ovenecká
U leten. sadu
Kamenická
Letohradská
2
BEL
Nad štolou
Milady Horákové
P Bus
LETNÁ
Národní zemědělské muzeum
Kostelní
Muzejní
Nár. technické muzeum
Letenský tunel
Kostelní
Na špejcharu
P Bus
tenisové dvorce
Letenský zámeček
Letenské sady
Na baště sv. Tomáše
Gogolova
Edvarda Beneše
nábř.
P Bus
Štefánikův most
3
AB
nábř. Ludvíka
VLTAVA
Hanavský pavilon
sv. Máří Magdaléna
Čechův most
Na Františku
Bruskou
U Bruských kasáren
Edvarda Beneše
Úřad předsednictva vlády
U Plovárny
nám. Curieových
Dvořákovo nábřeží
Anežský areál
Kozí
Anežská
Řásnovka
Hradební
Revoluční
Klimentská
muzeum
Klárov
Kosárkovo nábřeží
U železné lávky
ČVUT
Dvořákovo nábř.
UK
Břehová
17. listopadu
Konz.
Na rejdišti
Dům umělců
El. Krásnohorské
Pařížská
Dušní
U milosrdných
Bílkova
Haštalské nám.
Haštalská
Kozí
U obecního domu
Rybná
Benediktská
Soukenická
div.
Staronová syn.
U st. hřbitova
Vězeňská
Dlouhá
MX
Kotva
Truhlářská
4
Malostranská
Mánesův most
nám. Jana Palacha
Široká
JOSEFOV
Maiselova
muz.
Masná
Štupartská
sv. Jakub
Rybná
CL
Králodvorská
PA
nám. Republiky
sady
UP
U luž. semináře
Cihelná
Kaprova
Valentinská
Žatecká
Jáchymova
Dlouhá
Chrám M.B. před Týnem
Týnská
Jakubská
Templová
Staroměstská
I.
Alšovo nábř.
Křižovnická
Fr. Kafky
nám.
Staroměstské nám.
Štupartská
Celetná
GB
Prašná brána
Senovážná
Platnéřská
Mariánské nám.
Magistrát
Malé nám.
Železná
Kamzíková
Ovocný trh
soud
Karlův most
Klementinum
Husova
Karolinum
Tylovo divadlo
Na Kampě
Karlova
Melantrichova
Kožná
Havelská
sv. Havel
div.
Křižovnické nám.
Liliová
Retězová
Jilská
Havelská
Rytířská
Havířská
Na příkopě
sv. Kříž
Nekázanka
5
muzeum B. Smetany
Anenská
Zlatá
sv. Jiljí
Michalská
Melantrichova
Uhelný trh
Panská
OSN
Lichtenštejnský palác
Stříbrná
Betlémská kaple
Husova
Vejvodova
V kotcích
Na můstku
28. října
ST. MĚSTO
AMB
V cípu
Jindřišská
Náprstkova
Betlémské nám.
Skořepka
Wax-Mus.
Můstek
muzeum
Karolíny Světlé
Betlémská
SPŠS
Konviktská
Na Perštýně
Perlova
PAL
Divadelní
UI
Bartolomějská
Národní
Jungmann. nám.
DR
JUL
Můstek
Václavské náměstí
Smetanovo nábř.
UK
Krocínova
Národní třída
Františkánská zahr.
AD
EV
AMU
AV
Národní
Mikulandská
div.
Charvátova
1
JA
most Legií
sv. Voršila
Voršilská
Purkyňova
Vodičkova
Palackého
6
Střelecký ostrov
Národní divadlo
Ostrovní
Spálená
Jungmannova
V jámě
Štěpánská
Muzeum
Na struze
V jirchářích
Křemencova
Myslíkova
Opatovická
Pštrossova
Vladislavova
Rettigové
VŠ
Lazarská
Vodičkova
Obvodní úřad
111
115
Navrátilova
Žofín
Masarykovo nábř.
Slovanský
Novoměstská
Smečkách
Žitná
Mlýnů
nábř.

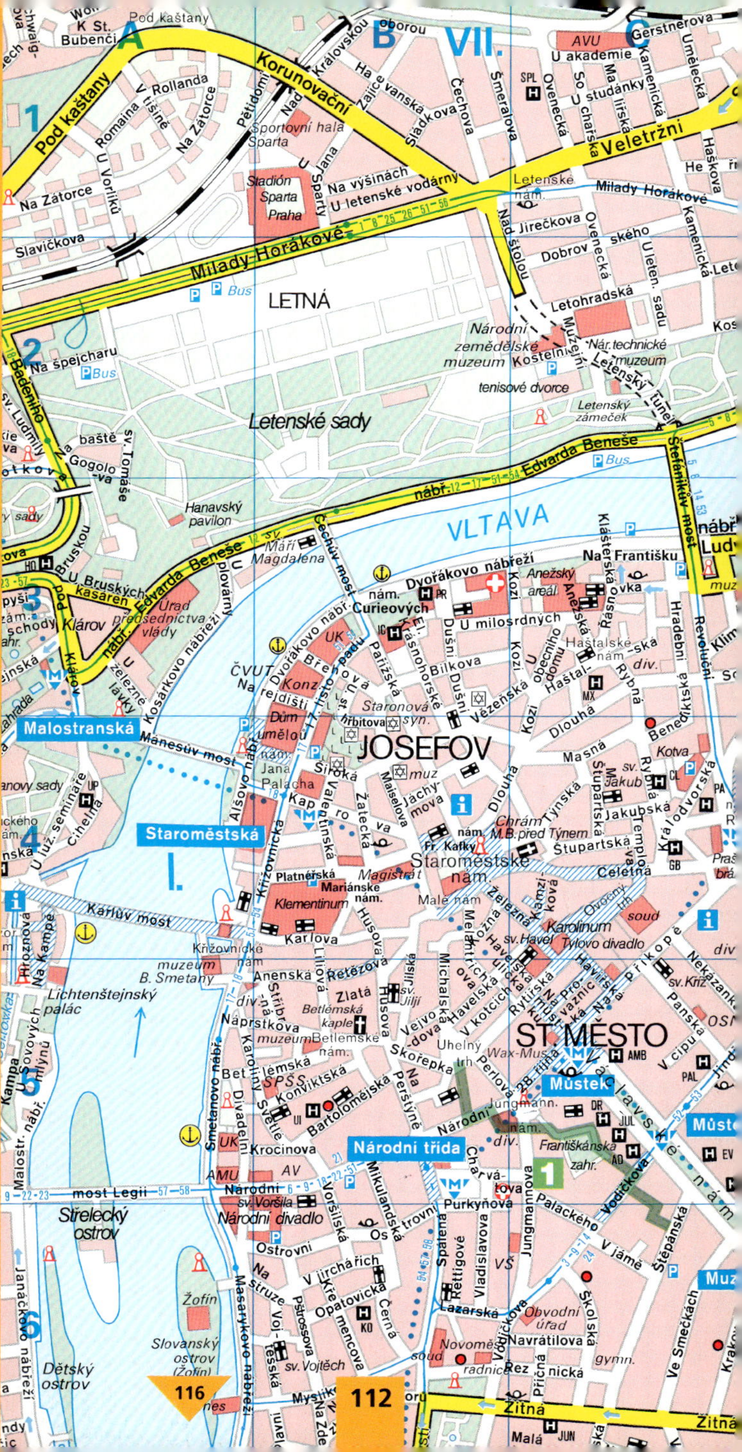

A
B
C
VII.
1
2
3
4
5
6
Pod kaštany
K St. Bubenči
Rollanda
Romaina
V tišině
Na Zátorce
U Vorlíků
Na Zátorce
Slavíčkova
Pětidomí
Korunovační
Královskou oborou
Nad Královskou oborou
Sportovní hala Sparta
Stadión Sparta Praha
U Sparty
Sládkova
Čechova
Šmeralova
Ovenecká
U studánky
U akademie
AVU
Gerstnerova
Kamenická
Umělecká
Veletržní
Haškova
Na výšinách
U letenské vodárny
Letenské nám.
Milady Horákové
Nad štolou
Jirečkova
Dobrovského
Letohradská
LETNÁ
Bus
Národní zemědělské muzeum
Kostelní
Nár. technické muzeum
Letenský tunel
tenisové dvorce
Letenské sady
Letenský zámeček
Na špejcharu
Badeniho
sv. Ludmily
Na baště sv. Tomáše
Gogolova
Chotkova
Hanavský pavilon
nábř. Edvarda Beneše
Čechův most
Štefánikův most
VLTAVA
Na Františku
Anežský areál
Anežská
Řásnovka
Hradební
Revoluční
Dvořákovo nábřeží
nám. Curieových
U milosrdných
Kozí
U Bruských kasáren
Pod Bruskou
Klárov
Úřad předsednictva vlády
Kosárkovo nábřeží
U železné lávky
ČVUT
Na rejdišti
UK
Břehová
17. listopadu
Pařížská
Elišky Krásnohorské
Bílkova
Dušní
Vězeňská
Haštalské nám.
Haštalská
Rybná
Dům umělců
Staronová syn.
hřbitova
JOSEFOV
Dlouhá
Benediktská
Malostranská
Mánesův most
nám. Jana Palacha
Široká
Maiselova
muz
Jáchymova
Masná
sv. Jakub
Kotva
Valentinská
Žatecká
Staroměstská
Alšovo nábř.
Kaprova
nám. Fr. Kafky
Chrám M. B. před Týnem
Týnská
Štupartská
Jakubská
Templová
Králodvorská
Staroměstské nám.
Magistrát
Celetná
Platnéřská
Mariánské nám.
Klementinum
Křižovnická
Malé nám.
Karolinum
Tylovo divadlo
Ovocný trh
Karlův most
Karlova
Husova
Liliová
Železná
Melantrichova
sv. Havel
Na příkopě
Nekázanka
Křižovnické nám.
muzeum B. Smetany
Anenská
Řetězová
Jilská
Michalská
Havelská
Lichtenštejnský palác
Stříbrná
Zlatá
sv. Jiljí
Betlémská kaple
Betlémské nám.
Náprstkova
Náprstkovo muzeum
Veiovodova
V kotcích
Rytířská
Uhelný trh
ST. MĚSTO
Můstek
Wax-Mus.
28. října
Perlova
Skořepka
Bartolomějská
Konviktská
Na Perštýně
Smetanovo nábř.
Divadelní
Karoliny Světlé
Krocinova
Národní třída
Národní
Jungmann. nám.
Františkánská zahr.
Vodičkova
Palackého
Charvátova
Purkyňova
Jungmannova
most Legií
Střelecký ostrov
sv. Voršila
Národní divadlo
Ostrovní
Mikulandská
Spálená
Voršilská
V jirchářích
Opatovická
Křemencova
Vladislavova
V jámě
Štěpánská
Lazarská
Rettigové
Žofín
Slovanský ostrov (Žofín)
Dětský ostrov
Masarykovo nábřeží
Na struze
Pštrossova
Vojtěšská
sv. Vojtěch
Myslíkova
Na Zderaze
Obvodní úřad
Novoměstská radnice
Navrátilova
Školská
Ve Smečkách
Žitná
Malá
Kampa
U Sovových mlýnů
Hroznová
Na Kampě
Malostr. nábř.
Janáčkovo nábřeží
116
112

Schreiben Sie uns!

Liebe Leserin, lieber Leser,

wir setzen alles daran, Ihnen möglichst aktuelle Informationen mit auf die Reise zu geben. Dennoch schleichen sich manchmal Fehler ein – trotz gründlicher Recherche unserer Autoren/innen. Sie haben sicherlich Verständnis, dass der Verlag dafür keine Haftung übernehmen kann. Wir freuen uns aber, wenn Sie uns schreiben.

Senden Sie Ihre Post an die MARCO POLO Redaktion,
Mairs Geographischer Verlag, Postfach 31 51, 73751 Ostfildern,
marcopolo@mairs.de

Impressum

Titelbild: laif: Celentano
Fotos: R. Freyer (11, 46, 55, 57, 60, 66, 68); J. Gläser (17); G. Hartmann (62, 71, 79); HB-Verlag: Kluyver (vorderer Umschlag links, Mitte, rechts. 5 u., 22, 24, 32, 36, 38, 49, 75, 83, 90), Nagy (96), Spitta (92); L. Janicek (33); K. Kallabis (5 o., 52); laif: Celentano (107); Mauritius: Enzinger (74), MacLaren (43); D. Renckhoff (1, 2 o., 2 u., 4, 6, 7, 8, 12, 15, 16, 18, 19, 27, 30, 45, 48, 54, 58, 65, 84, 87, 88, 95); W. Spitta (26)

2. (11.), aktualisierte Auflage 2002 © Mairs Geographischer Verlag, Ostfildern
Herausgeber: Ferdinand Ranft, Chefredakteurin: Marion Zorn
Lektor: Manfred Pötzscher, Bildredakteurin: Gabriele Forst
Kartografie Cityatlas: © Mairs Geographischer Verlag/Falk Verlag, Ostfildern
Gestaltung: red.sign, Stuttgart
Sprachführer: in Zusammenarbeit mit dem Ernst Klett Verlag GmbH, Stuttgart, PONS Wörterbücher

Printed in Germany. Gedruckt auf 100% chlorfrei gebleichtem Papier

Bloß nicht!

Wie in jeder Stadt gibt es in Prag Nepp, Bauernfängerei und Dinge, die man nicht tun sollte

Irgendwo parken

Für viele ist es billiger, mit dem Wagen nach Prag zu fahren. Für manche wird die Rückfahrt allerdings teuer: Die Moldaustadt ist immer noch ein Zentrum für Autoknacker. Lassen Sie also nichts allzu Wertvolles im Wagen, und parken Sie nicht in irgendeiner Seitenstraße – ein saftiges Bußgeld ist das mindeste, was Sie erwartet.

Rücksichtslos sein

Jeder Tscheche weiß, dass eine Gruppe laut sein kann. Beweisen Sie es ihm nicht in der U-Bahn oder im Restaurant. Überraschen Sie ihn, indem Sie sich wie Gäste benehmen, die den Gastgeber respektieren – das tun nämlich längst nicht alle.

Beamten bestechen

Sie sind zu schnell gefahren oder sonst irgendwie ungut aufgefallen. Jetzt wollen Sie den Fall mit Geld oder Likör »aus der Welt schaffen«. Die meisten Beamten lehnen ab und hängen Ihnen noch eine Klage wegen Bestechung an. Fluchen Sie lieber leise – aber regeln Sie die Sache regulär.

Zu sorglos sein

Den Geldbeutel in der Hosentasche, Fotoapparat und Handtasche locker über der Schulter – so sind Sie es von Sylt und der Steiermark gewohnt. In Prag ist solches Verhalten jedoch eine offene Einladung an die vielen Langfinger in Straßenbahn, Metro und im Zentrum.

Nachtschwärmen

»Fahren Sie mich irgendwohin, wo noch was los ist«, sagt der Tourist nachts zum Taxifahrer. Und der fährt dann auch »irgendwohin«, von wo man nur wieder per Taxi wegkommt. Erst neppt das Etablissement, dann kassiert der Taxifahrer für die Rückfahrt noch einmal kräftig. Im eigenen Interesse: Genießen Sie Prag bis Mitternacht oder bitten Sie den Hotelchef um einen Tipp – aber ziehen Sie nicht auf eigene Faust los.

Schwarz wechseln

Tschechien ist für westliche Touristen ein günstiges Urlaubsland. Manche wollen es noch billiger haben und gehen auf die windigen Angebote ein, die ihnen zwielichtige Gestalten machen. Glauben Sie es: Sie wissen nachher nur, wie polnische Zloty oder Prager Gefängniszellen aussehen. Wechseln Sie nur in Banken oder, wenn schon, am Automaten oder in Wechselstuben mit den horrenden Gebühren.